Pensar como Jesús

Pensar como Jesús

GEORGE BARNA

A STRANG COMPANY

Pensar como Jesús por George Barna
Publicado por Casa Creación
Una compañía de Strang Communications
600 Rinehart Road
Lake Mary, Florida 32746
www.casacreacion.com

A menos que se indique lo contrario, todos los textos
bíblicos han sido tomados de la versión Reina-Valera,
de la *Santa Biblia*, revisión 1960. Usado con permiso.

Publicado originalmente en E.U.A. por Integrity Publishers, Inc.
bajo el título *Think Like Jesus*
Copyright © 2003 Brentwood, Tennessee
Todos los derechos reservados

Tradución, edición y diseño interior por:
Grupo Nivel Uno, Inc.

Diseño de portada:
David Uttley, UDG/Designworks

Library of Congress Control Number: 2004107993
ISBN: 1-59185-444-X

Impreso en los Estados Unidos de América

04 05 06 07 08 ❖ 9 8 7 6 5 4 3 2 1

Contenido

PARTE 3
PONGAMOS EN PRÁCTICA LA VISIÓN BÍBLICA DEL MUNDO

Agradecimientos

LA VIDA ES A MENUDO UN ESTUDIO DE LOS PUESTOS. Este libro es un ejemplo de ello. Por un lado, ha sido uno de los libros que más disfruté al escribir, uno de mis mayores desafíos que me permitió pasar horas estudiando la Biblia, reflexionando en sus verdades y principios, y en cómo se encuadran en una perspectiva abarcadora y coherente. Por otro lado, ha sido el libro más difícil de escribir, porque continuamente me quitó de mi lugar de comodidad, haciendo que cumpliera con un llamado potente, que me inspiraba cierto temor.

Los desafíos, presiones, tensiones y temores de este proyecto, sin embargo, resultaron en un libro que no podría haber completado sin la participación activa, invalorable, de un grupo de personas diferentes entre sí, pero que brindaron su continuo apoyo.

Una cantidad de amigos y colegas me brindó su ayuda, desde ofrecer perspectivas teológicas y reflexiones sobre el manuscrito, hasta apoyo espiritual por medio de aliento y oración. Esta ayuda provino de Henry Blackaby, Chuck Colson, Connie y David DeBord, Gary y Catherine Greig, Chuck y Jeanette Laird, Kevin y Kathy Mannoia, Steve Russo, Danny Sartin y John y Pam Saucier. Gracias por bendecirme tan profusamente con su sabiduría y entusiasmo.

Mis colegas de Barna Research me ayudaron de diversas maneras. Estoy agradecido a Irene Castillo, Lynn Gravel, Cameron Hubiak, Pam Jacob, David Kinnaman, Dan Parcon, Celeste Rivera y Kim Wilson, por su apoyo constante.

Mi equipo editorial jugó un papel importante en el desarrollo del producto final. Específicamente, estoy en deuda con Anita Palmer, de Sam Hill Editorial Services, por su flexiblidad, su aliento y su edición sensible; a Sealy y Curtis Yates por su representación de mi trabajo ante la comunidad editorial; y a mis amigos de Integrity Publishers y Casa Creación. En particular, a Joey Paul, quien fue la guía de este proyecto, y a Byron Williamson, que compartió la visión por este material.

Mi grupo de apoyo más amado es mi familia. Pagaron un alto precio para que yo pudiera avanzar con este material. Mi esposa Nancy merece todo el crédito del mundo por alentarme, por leer mis borradores, por atender a todo el mundo para que yo pudiera seguir trabajando en mi burbuja, por mantener en el aire como malabarista, las pelotas de los compromisos familiares y comerciales, en todo lo posible durante mis horas de trabajo en este libro. Mis hijas Samantha y Corban, con alegría me alentaron a lo largo del proyecto y no me hicieron sentir culpable por no poder pasar con ellas tanto tiempo como hubiera deseado. Oro porque Dios las bendiga en abundancia, por su desinteresado apoyo a mi intento de ayudar a que la gente conozca, ame y sirva a nuestro Señor de manera más significativa.

Finalmente, le estoy sumamente agradecido a Dios por darme la oportunidad, la capacidad, la fuerza física y la protección espiritual para completar este libro. Que el impacto que resulte contribuya al avance del camino y del reino del Señor.

Introducción

¿QUÉ ME PERDÍ?

EL VIAJE EN AUTOMÓVIL DE CUARENTA Y CINCO MINUTOS, desde Ventura al Aeropuerto de Santa Bárbara es una de mis rutas de escape favoritas. Volar no es lo que más me gusta, pero parece menos tortuoso cuando el camino hacia el aeropuerto es tan placentero. Gran parte del trayecto me ofrece una vista espectacular del océano Pacífico bajo un cielo azul límpido y sin nubes, y un Sol brillante que se refleja en las olas que rompen junto a la orilla. Todo me recuerda al Creador y su belleza. En uno de estos viajes, un lunes por la mañana, sentí que se describía vívidamente la belleza de la creación.

Mi actitud de calma después de disfrutar de este paisaje me ayudó a sobrevivir a la confusión del aeropuerto, y abordé el jet que me llevaría a Dallas; me sentía tranquilo. Ajusté mi cinturón de seguridad, tomé un libro sobre liderazgo, que llevaba en mi portafolios, y comencé a leer. No pude dejar de observar a mi compañero de asiento, sin embargo: el joven conversaba animadamente con dos amigos, vestidos de manera informal, que se hallaban sentados detrás de nosotros. Se comportaban como estudiantes universitarios, haciendo chistes sobre colegas y fantaseando con la diversión que les esperaba en Dallas.

LA CONVERSACIÓN

A mitad del viaje, la auxiliar de vuelo interrumpió mi lectura con el habitual ofrecimiento de una bebida y una bolsita de maníes, magro sustento. Aburrido de sus compinches, mi compañero de asiento aprovechó la oportunidad para conversar conmigo.

9

—¿Leyendo temas de trabajo? —me preguntó con una sonrisa de quien lo conoce todo.

Soy introvertido por naturaleza, y huyo de la conversación informal con extraños que quizá nunca vuelva a ver. Pero sabiendo que debo dar a conocer mi fe en Jesucristo de manera de dejar una influencia positiva en las vidas de otras personas, he llegado a reconciliarme con estas situaciones, al reconocer que Dios puede tener un propósito al hacer que se me presenten. Nada sucede por casualidad, así que quizá hubiera un propósito en este encuentro. Con cierta incomodidad emocional y anticipación espiritual, respondí:

—Sí.

Bien, quizá no haya respondido con entusiasmo, pero era un comienzo.

—¿Y de qué se trata? —preguntó mi curioso compañero.

—Acerca de la dinámica espiritual del desarrollo del liderazgo. Trabajo con líderes, para ayudarlos a maximizar sus habilidades y capacidades. Los libros como este me ayudan a saber lo que otros entrenadores de líderes descubren sobre cómo hacer esto con mayor efectividad.

Así que mi parte introvertida había sido capaz de hilvanar tres oraciones coherentes, sobre mi tema favorito. Pero quería un respiro: al menos, no había atosigado a mi compañero con toneladas de cristianismo antes de que pudiera probar su gin con tónica.

—¿Ajá? ¿Y con qué tipo de líderes trabaja?

Allí estaba, la pregunta que había matado miles de conversaciones. Aún así, pensé, si Dios está al mando —y no hay duda de que siempre lo está, siempre lo estará— la sinceridad es la mejor política.

—Mayormente con pastores de iglesias cristianas. Soy dueño de una pequeña empresa de investigaciones que se especializa en trabajar con iglesias, y paso la mayor parte de mi tiempo intentando ayudar a los pastores y a otras personas de la iglesia a servir a Dios con la mayor efectividad posible.

Este tipo de respuestas siempre son el punto de cierre de toda conversación casual. Se sorprendería usted si supiera cuánta gente retrocede horrorizada cuando se enteran de que soy un devoto cristiano, pensando: "Otro de esos farsantes de Jesús".

De repente sienten interés en las nubes que se ven junto a la ventanita del avión. Otros, miran con la vista perdida, como si hubieran descubierto información impositiva secreta, algún código que revelara en detalle el inventario contable de un complicado procedimiento. Ocasionalmente, alguno responde con entusiasmo, porque son discípulos de Jesús, compañeros míos, y saben que pueden disfrutar de una conexión más personal a partir de ese momento. Y unos pocos son no evangélicos, que se sienten genuinamente intrigados por la idea de que alguien aparentemente inteligente sea un devoto seguidor de Cristo, por lo que deciden seguir adelante con la conversación.

Mi compañero de asiento parecía pertenecer a esta última categoría. Mi objetivo de terminar de leer el libro para cuando aterrizáramos, se esfumó. Pero Dios obviamente tenía algo en mente y, sinceramente, me sentía más que curioso por saber qué era.

ZAMBULLIRSE

Nos presentamos. Él era Bill y venía de Las Vegas en viaje de negocios por su empleo con una empresa de contadores. Bill había trabajado con ellos durante unos cuatro años, e iba en camino de franco avance hacia la gerencia superior. Una vez cumplidas las presentaciones, se zambulló en el tema.

—Así que... ¿es cristiano, eh?

—Sí, mi fe se ha convertido en el foco principal de mi vida.

—Bueno, yo también soy cristiano —proclamó Bill mirándome con total franqueza. Es decir, no soy de los que van a la iglesia, pero solía ir cuando niño, y crecí en un hogar cristiano. Ahora, ya no creo en Dios.

Como estoy profundamente convencido de que Dios no solo existe, sino que además oye todas nuestras conversaciones, mi corazón comenzó a galopar al oír la confesión de Bill sobre su incredulidad. Pero como también superviso un ministerio que cada año entrevista a más de diez mil personas con relación a la fe, las afirmaciones de este tipo son una gota más en el océano. Por lo tanto, pierden la fuerza del impacto. Así que, aunque sentía cierta desesperanza por Bill, reconocí la importancia de su confesión y comencé a sentir cuál era el propósito de Dios para esta conversación.

—¿Es cierto eso? ¿Y por qué no crees en Dios?

11

—Bueno, quizá exista. Pero creo que hay demasiado sufrimiento en el mundo como para creer lo que me dice la iglesia. Sabes, si Dios es amor, y hay toda esa basura... no tiene sentido.

Veamos: yo amo a Dios con todo mi corazón, con toda mi mente, con todas mis fuerzas y con toda mi alma, pero tiemblo con temor y duda cuando debo entablar este tipo de diálogos. ¿Quién soy yo para hablar por el Dios que vive? ¿Qué sé yo de la totalidad de las Escrituras? ¿Por qué le importaría a alguien lo que yo creo? Lo que otros —y yo— necesitamos, es simplemente pensar como Jesús, ver el mundo en toda su complejidad, en todas sus situaciones desde el punto de vista de Dios.

A pesar de mis inseguridades, suelo seguir avanzando, seguro en que la historia de la humanidad sigue un patrón idéntico en cuando a que la vida de una persona afecta la de otras mediante una relación, la comunicación y el amor. Admito, sin embargo, que es en estos momentos cuando de repente redescubro el significado de *oración ferviente,* y agradezco a Dios que mi destino eterno no dependa de mi capacidad de proveer el tratado teológico perfecto.

Respondí a la pregunta de Bill con calma, sin querer parecer arrogante ni belicoso:

—En verdad, me parece muy lógico. El hecho de que haya algunos que prosperan y otros que sufren no niega la existencia y el carácter de Dios —dije.

Agregué que el sufrimiento a veces es un medio para fines mejores, y que Dios lo utiliza para atraer a la gente hacia Él o para darles a otros, más afortunados, la oportunidad de servir a quienes están en necesidad.

—Pero esto es interesante. Así que, si no crees en Dios ¿cómo explicas cosas como la existencia del universo?

Bill se acomodó en su asiento y comenzó a explicar cómo ve el mundo.

—La teoría del Big Bang me parece lógica. Pero en realidad, no importa demasiado. Lo que importa es el aquí y el ahora. Quizá haya un dios por allí, pero no forma parte de mi vida. Tengo que hacerme cargo de mi vida, tomar el control y llevarla a buen puerto. Las cosas me van bien. Estoy en este programa de promoción para gerente —brevemente había aludido al programa cuando nos presentamos, y se lo veía orgulloso de estar en él— y mi vida familiar también está yendo por buen camino.

—¿Eres casado?

—Lo era. Acabo de divorciarme hace ocho meses, después de estar casados durante cinco años. Tenemos una hija, así que me quedo en Las Vegas para estar cerca de ella. Todo va bien.

Pero tenía el ceño fruncido, y no aparentaba estar diciendo toda la verdad.

Le pregunté si, sin Dios, pensaba él que había absolutos morales, maneras de distinguir el bien del mal.

—¡Claro! —rió, sorprendido porque yo creyera que pudiese ser un anarquista moral—. No se necesita de Dios para saber que debe haber límites. Vivo una vida moral, de buenos principios, y le enseño esos valores a mi hija.

—Pero entonces, si no hay Dios, ¿cuál es la base del bien y el mal en tu sistema de creencias? —pregunté con la esperanza de que comenzara a ver cuál era el problema en su posición.

—Se sabe lo que está bien y lo que está mal. Es decir, uno lo siente ¿verdad? Uno sabe por experiencia qué es lo que funciona y qué no, y entonces construye un catálogo mental de lo que se puede o lo que no se puede, en base a esas experiencias. Y también uno lo ve en la TV, y en las películas, donde se contrastan las diversas maneras en que puede uno responder ante las situaciones, y al ver los resultados de cada conducta. El mundo está lleno de ejemplos de lo que está bien y mal, y si uno es sensible a ello, fácilmente puede conocer la diferencia.

Aquí había recursos interesantes de autoridad moral: sentimientos, experiencia, películas y televisión.

—Así que, digamos que lo que dices es que cada uno debe decidir lo que está moralmente bien o mal...

—¡Exactamente! —exclamó Bill, bebiendo un poco más de su trago y haciendo una pausa para mirar las espesas nubes que aparecían debajo del avión.

Bill decía que si todos hacemos lo que creemos que está bien, todo funcionará bien, porque todos haremos lo mejor que podamos—. Nadie es perfecto. Pero si hacemos nuestro mejor esfuerzo y nos respetamos mutuamente, funciona. La vida es solamente caos controlado. Hay una simetría en la vida que equilibra todo si uno actúa con buenas intenciones.

Para este momento, era evidente que Bill entablaba con frecuencia este tipo de conversación de bar. Pero también estaba claro que no había muchas personas que desafiaran su punto de vista durante dichas conversaciones.

—Pero Bill, supongamos que dices que está bien matar a tu ex esposa porque ella te causó pena, y que es por su culpa que tu hija ya no vive contigo. Entonces vengo yo y digo: no, matar a tu esposa es inmoral. ¿Se supone que deba respetar yo tu decisión de matarla porque hizo algo que no te guste? Y qué si digo: "Lo siento, amigo, pero si esa es tu decisión, está en conflicto con la mía, así que debo matarte para proteger a esa mujer que es inocente". ¿Está bien que lo haga? ¿Tienes razón si matas a tu ex? ¿Cuál o quién es el árbitro final en todo esto?

Se movió, incómodo, en su asiento. Era razonable, porque no son butacas demasiado cómodas, pero yo sentí que la incomodidad no era solamente física.

—Sabes, debes enfrentar la situación, George. No, no debieras matarme, y probablemente no debiera yo matar a mi ex esposa.

Hizo una pausa, y sonriendo continuó:

—Aunque ha habido ocasiones en que la idea de matarla a ella y a ese abogado suyo, me ha parecido atractiva.

Rió entonces, esperando aliviar la conversación y encauzarla en otra dirección. Lo complací, y conversamos sobre otros temas.

Cuestionar la autoridad

«Supongo que lo que estás diciendo tiene que ver con la verdad, ¿no te parece? ¿Hay una fuente de verdad moral? Cuándo eras niño, en tu iglesia probablemente hayas oído que la Biblia es la fuente de toda verdad moral. ¿Hay lugar para la Biblia en tu perspectiva?»

—Bueno, seguro, creo que la Biblia es un buen libro; tiene cosas realmente buenas —dijo Bill tentativamente. Era obvio que no se sentía del todo seguro—. Algunas veces leo la Biblia; es algo... sabes... inspirador, o desafiante.

—Pero ¿dirías que todo lo que dice la Biblia es exacto, cierto, verdadero?

—De ninguna manera —dijo con renovada confianza enderezándose en su asiento—. Hay muchísima información histórica, que luego se comprobó era inexacta, y hay muchas historias que son ilustraciones o alegorías, pero no son reales. Hay algunas lecciones útiles, sin embargo —concluyó, quizá intentando tirarme un hueso con la esperanza de que le preguntara algo más sencillo.

Vayamos al punto

«Así que, si la Biblia no te provee de absolutos morales, y su contenido no es exacto ni confiable, ¿cómo es, o cuál es, según tu perspectiva, el significado y el propósito de la vida? ¿De qué trata la vida para ti, Bill? ¿Por qué levantarse por las mañanas?»

La respuesta de Bill, rápida, evidenciaba que ya había pensado en esto.

—La vida es hacer lo que te haga feliz, lograr lo que puedas y obtener lo que mereces. Cuando mueres, se terminó, así que hay que aprovechar la vida mientras se puede y disfrutar de las oportunidades que se te presenten. Hay que vivir el momento, porque es todo lo que tenemos.

Hicimos una pausa entonces, él revolvía los cubos de hielo en su vaso, y yo miraba la tapa del libro que seguía sosteniendo entre mis manos. Creo que ambos estábamos pensando si convenía seguir con la conversación. Sentí que Dios me seguía empujando, por lo que calculó que no tenía nada que perder, y que quizá ambos ganáramos algo si seguíamos con la conversación.

—Entonces, cuando morimos, todo acabó. Parece que no crees en la vida después de la muerte.

—Oh, sí creo en el cielo —dijo. Noté que no mencionaba el infierno—. Uno avanza hacia una nueva experiencia, sea cual fuere.

—¿Como la reencarnación?

—Quizá —dijo, sin gran convicción—. No sabemos de veras lo que pueda suceder después de esta vida, pero creo que será un lugar de paz y tranquilidad.

Tenía que preguntarle lo obvio:

—Bill, si no hay Dios y no hay reglas de juego en la vida, y el propósito final es maximizar lo que hacemos en la Tierra ¿quién creó ese lugar de paz y tranquilidad, y para qué molestarnos con otras experiencias?

Miró nuevamente por la ventana:

—No lo sé. No me preocupa demasiado la vida después de la muerte. Tengo bastante ya con esta vida —respondió.

Dar vuelta el tablero

Sentía que Bill comenzaba a sentirse agitado a causa de tantas preguntas. Antes de que pudiera llamarme a silencio, Bill tomó la ofensiva, quizá para aliviarse del escrutinio, pero también por interés en lo que yo pensaba.

—¿Y qué hay de ti? ¿Qué dices acerca de todo esto? Quizá también tengas algo que decirme, ¿verdad?

Hasta ahora la conversación había sido bastante agradable, pero sentía que Bill ya estaba sintiéndose a la defensiva y emocionalmente incómodo. Las preguntas eran un tanto punzantes. Imaginé que podría ofrecerle una afirmación que resumiera mi punto de vista.

—Bueno, son preguntas importantes para mí. Espero no haberte ofendido con tantas preguntas —dije.

—Está bien —dijo.

Entonces continué, resumiendo lo que conforma mi afirmación básica de la fe.

—Para responder a tu pregunta, creo que mi visión difiere de la tuya. Creo que Dios existe, y que siempre ha existido y que tiene el control total de toda la creación. La Biblia es el documento que me permite entender mejor las cosas. Todo lo que dice tiene sentido para mí, y se ha probado en mi propia vida y experiencia. Me dice que la vida es un regalo de Dios y que el sentido de la vida consiste en tener una relación con Él, que debemos servirlo a Él y a los demás. Todo tiene sentido si seguimos sus guías morales, y si no lo hacemos, todo pierde sentido muy rápidamente. Él nos da la libertad de elegir conocerlo y servirlo, o seguir caminos diferentes, y eso es lo que causa gran parte de las dificultades y la angustia que hoy sufrimos.

Parecía que Bill escuchaba mi soliloquio con atención y educación, así que seguí hablando.

Le dije que me siento liberado de muchas de las presiones que sienten mis amigos a causa de lo que hizo Jesús en la Tierra. Se mostró confundido.

—Creo que Dios envió a Jesús a la Tierra por mí, y por ti. Jesús murió para que yo pudiera volver a estar con Dios. Al aceptar la muerte de Jesús por mis pecados, me aseguro un lugar ante la presencia de Dios —el cielo, si quieres— después de morir.

Dije que, mientras tanto, intento comprender cómo era Jesús e imitarlo. Muchas veces no lo logro, pero Dios parece entender esta debilidad y me alienta a seguir intentándolo, a seguir mejorando. Esa es parte de la relación —su guía, aliento, comprensión, disciplina y recompensa— todo lo que uno espera en una verdadera relación: sinceridad, gozo, desilusión, amor.

—Así que no es que yo ya lo sepa todo, sino que la Biblia en verdad me ayuda a cercarme a la verdad. Y Dios interviene cuando es necesario, para rescatarme o redirigirme. Tendría que decir que mi decisión de seguir a Jesús y de intentar ser más parecido a Él ha sido la mejor decisión que tomé en mi vida.

Entonces intenté resumir lo que siento y pienso, en pocas palabras clave; esperaba que algo se encendiera en la mente o el corazón de Bill, que diera lugar al deseo de estudiar más intensamente mi posición. Al terminar, Bill esperó unos segundos, se miró las manos, y luego me sorprendió con su respuesta:

—Sí, sé a qué te refieres —comenzó—. Creo que estoy en buenos términos con Dios. No lo sé todo, tampoco, pero estoy llegando allí. Al final, todo saldrá bien. Como dicen: "soy una obra aún en construcción", ¿verdad?

Rió, y yo sonreí, y luego hicimos lo que suelen hacer dos hombres: hablamos sobre deportes.

Conexiones sueltas

Después de aterrizar y retirar mi equipaje, y firmar por las llaves de un automóvil en alquiler, recordé la conversación con Bill mientras conducía hacia mi hotel. Una y otra vez me encontré pensando: *No dijo eso de verdad, ¿o sí?*

Mi charla con Bill había sido el más reciente ejemplo de cuán profundamente, superficial e ilógicamente, espiritualmente engañados se han vuelto muchos estadounidenses. El punto de vista de Bill sobre el mundo, su ideología y teología eran internamente incoherentes, moralmente vacías, intelectualmente poco sólidas, y muy representativas de cómo piensan hoy muchos estadounidenses, especialmente los más jóvenes. Era una mezcla de existencialismo, nihilismo, teísmo cristiano, misticismo oriental y postmodernismo. Si hubiera yo indagado un poco más, probablemente habríamos revelado elementos de deísmo y naturalismo también.

Era inquietante rememorar la conversación y observar que este pobre hombre —y millones más— intentan encontrar un sentido a la vida, con un entendimiento de la realidad tan distorsionado y entremezclado.

Pero la experiencia también me hizo ver ciertas cosas. Por ejemplo:

- Todo el mundo tiene un punto de vista. Son relativamente pocos los que tiene un punto de vista coherente, o que pueden articularlo con claridad.

- La mayoría de las personas no piensan que su punto de vista sea un elemento central y definitorio en sus vidas, a pesar de que sí lo es.

- Las personas dedican muy poco tiempo a pensar intencionalmente y a desarrollar su punto de vista. Muy a menudo el proceso de desarrollar su punto de vista es una evolución inconsciente, una aceptación simple. Dejan que se desarrolle y lo resumen diciendo: "lo que sea".

- Los estadounidenses rara vez interactúan entre sí en un nivel sustancial en relación con temas que se relacionen con el desarrollo y la aclaración de puntos de vista. Cuando lo hacen, casi nunca saben cómo procesar la interacción, o cómo progresar desde su posición corriente.

Me sentía entristecido por Bill, pero allí no terminaba mi preocupación. El discurso del avión era personalmente perturbador porque le daba carne y hueso a la investigación que había llevado a cabo en los últimos años, sobre la visión de la verdad y la perspectiva de la gente acerca del mundo.

Encuesta tras encuesta, todas revelan que los estadounidenses —incluyendo a una enorme mayoría de cristianos nacidos de nuevo y evangélicos— carecen de un punto de vista bíblico. Y, lo que es peor, observé que desde que me hice creyente hace unas dos décadas, nadie jamás me había enseñado cómo desarrollar un punto de vista basado en las Escrituras para guiar cada uno de los aspectos de mi vida.

Seguro que había asistido a muchas escuelas dominicales, a clases de educación cristiana, servicios en la iglesia, y había tomado notas en más sermones de los que puedo recordar. Había asistido a cursos universitarios y de postgrado sobre temas espirituales, y había leído numerosos libros cristianos sobre teología, doctrina y vida basada en la fe. Pero la experiencia con Bill me obligó a reconocer que aunque estaba yo un tanto más adelantado en el camino hacia la claridad, mis esfuerzos tampoco habían hecho que ganara demasiado terreno.

Desafío personal

Como estaba expuesto a la investigación sobre el pensamiento estadounidense, y en vista de mi preocupación por la iglesia durante varios años, estaba yo casi obsesionado con la idea de desarrollar intencionalmente una visión de la vida que tuviera significado, y con vivir en coherencia con dicha perspectiva. Este libro es el resultado de ese viaje, un sendero aún incompleto y en construcción que sigue hoy y que seguirá hasta el día de mi muerte. Su viaje, lector, será diferente, pero la aventura tiene un significado y una importancia tan enormes, que oro porque mis tribulaciones y pruebas lo alienten a seguir adelante con coraje.

Juntos caminaremos a lo largo del proceso que me ha ayudado a comenzar a desarrollar un punto de vista bíblico que afecta cada uno de los aspectos de mi vida. En los capítulos que siguen, exploraremos el concepto del punto de vista, hablaremos de por qué importa, examinaremos los puntos de vista más comunes, y estudiaremos cómo desarrollar un punto de vista basado en principios de las Escrituras. Describiré la investigación que he llevado a cabo sobre las creencias de la gente y sobre cómo las iglesias pueden ser poderosos aliados en la batalla por la mente y el corazón. Y después de todo esto, pasaremos algún tiempo pensando en cómo aplicar su punto de vista a temas y situaciones de la vida real.

Quizá al leer mi conversación con Bill estuviera usted ensayando sus propias respuestas a algunas de las preguntas, y quizá haya sentido cierta incomodidad en cuanto a su punto de vista del mundo y la vida. Puedo asegurarle que no está usted solo. Únase a mí, y esforcémonos conscientemente por dar forma a un punto de vista que honre a Dios y nos lleve a una vida más feliz, adecuada y plena. Si nos esforzamos un poco, seremos más capaces de pensar como Jesús.

Parte 1

Pensemos sobre el estado de los puntos de vista del mundo

Uno

❧

¿CUÁL ES EL PROBLEMA?

É RAMOS TRES LO QUE NOS QUEDAMOS en el salón de la iglesia después de la clase del día. De los aproximadamente trescientos pastores que habían asistido al seminario que yo lideraba en Charlotte, Carolina del Norte, estos dos últimos hablaban sobre estrategias del discipulado conmigo, cuando disparé la pregunta:

—¿Y qué hacen ustedes para ayudar a que su gente tenga un punto de vista bíblico del mundo?

El más alto de los dos, ya casi calvo y con más de veinte años de experiencia en el pastorado, no hizo esperar su respuesta.

—Hacemos que vengan misioneros a hablar en nuestros servicios, varias veces al año. Todas las clases de la escuela dominical apartan cierto tiempo para leer un breve informe y para orar por los eventos relacionados con la fe, en diversas partes del mundo. Y tenemos misiones de verano para las familias, a las que asisten muchos con gusto —proclamó—. Trabajamos duro para asegurarnos que sepan que la iglesia estadounidense no es la suma total de la obra de Dios en el mundo. Nuestra gente lo entiende.

Su colega, diez años menor y relativamente nuevo como pastor, tomó la posta sin pausa alguna.

—Lo que hacemos nosotros es predicar toda la Biblia en cinco años. Tenemos también todo tipo de centros de enseñanza: el servicio, las clases de escuela dominical, los grupos de jóvenes y los grupos célula, y todos se enfocan en los mismos pasajes cubiertos en el sermón de esa semana, para asegurarnos que a todos los principios clave les demos igual consideración. Para cuando completamos el ciclo, han visto todos los principios básicos del cristianismo y tendrán un punto de vista bíblico del mundo.

Los dos estaban radiantes, seguros de que iban por buen camino. Luego de felicitarse mutuamente, me miraron, esperaban palabras de elogio y aliento. Pasaban los segundos, y como yo no decía nada, sus sonrisas se esfumaron y la curiosidad los embargó. El pastor más joven finalmente preguntó:

—¿A eso se refería usted?

¿LA PERSPECTIVA GLOBAL O UN PUNTO DE VISTA SOBRE EL MUNDO?

Tuve una inquietante sensación de dejadez. He oído respuestas similares, cientos de veces en las diferentes áreas de los Estados Unidos donde voy a enseñar y a aprender con otros pastores. Sin querer ofenderlos o desalentarlos, intenté presentar mi respuesta.

—Bueno, esas son actividades que ayudan mucho, seguro. Sería beneficioso si más iglesias ayudaran a su gente, como lo hacen ustedes, a desarrollar una perspectiva global sobre la obra de Dios, y tuvieran cursos regulares relacionados con la totalidad de su Palabra.

Hice una pausa, buscaba lo que serían palabras claras que no desalentaran a los dos pastores.

—Sin embargo, la visión bíblica del mundo es algo diferente. Es otra cosa.

Proseguí, con lo que en mis oraciones pedía que fuera una descripción convincente.

—La visión bíblica del mundo es pensar como Jesús. Es un modo de hacer que nuestra fe sea práctica, ante toda situación, cada día. La visión bíblica es el modo de tratar con el mundo de manera tal de *actuar* como Jesús, veinticuatro horas al día, porque *pensamos* como Jesús.

Entonces les ofrecí una analogía:

—Es como tener un par de anteojos especiales, que nos permiten ver las cosas de manera diferente, ver las cosas desde el punto de vista de Dios, y responder a esas percepciones del modo en que Él lo haría, si nos proveyera con una revelación directa y personal.

Seguimos hablando, y los dos pastores comenzaron a preguntar acerca de la visión bíblica del mundo, de la misma manera en que lo han hecho otros pastores y líderes de la iglesia con quienes tuve la misma conversación, una y otra vez, a lo largo de estos últimos años. Estaba claro que aunque los creyentes de esta nación necesitan desesperadamente una lente bíblica para ver la vida, la implementación de dicho proceso de desarrollo en las iglesias, las escuelas, hogares y ministerios del país, no sucedería de un día para el otro. Se necesitaban cimientos primero.

¿Qué es esto de la visión bíblica del mundo?

Durante años, me asustó el término "visión bíblica del mundo". Tenía connotaciones de profundidad y expansión que me sobrecogían. Pero cuanto más veía que mi propia vida cristiana era una serie de elecciones solo marginal e inconsistentemente influenciadas por mi fe, tanto más decidido estaba a tomar en serio el desarrollo de una visión bíblica del mundo.

Todos tenemos visiones del mundo

Una vez ya involucrado aprendí que no hay motivo para asustarse ante la idea del desarrollo de una visión del mundo. Debía preocuparme más el hecho de que ya tenía yo una visión totalmente desarrollada y en funcionamiento, ¡de la que ni siquiera había caído en la cuenta!

Si bien la mayoría de las personas nunca piensa en su visión del mundo de manera consciente, *todos tenemos una visión del mundo*. Nuestras decisiones cotidianas están moldeadas por la visión del mundo que hayamos adoptado y adaptado a lo largo de los años, a menudo sin que nos demos cuenta de que dependemos de dicho marco para la toma de decisiones.

Cada vez que tomamos una decisión, la hace pasar por un filtro mental y emocional que nos permite elegir, en coherencia con aquello que creemos verdadero, importante, apropiado. Ese filtro es el resultado de cómo organizamos la información para encontrarle sentido al mundo en el que vivimos.

Sin una visión del mundo, no seríamos capaces de tomar los cientos de decisiones que tomamos cada día, porque cada opción parecería igual de atractiva que las demás. Aún para las decisiones menores, debemos apoyarnos en nuestra noción del bien y el mal, de lo que está bien o no, de lo que es útil e inútil, apropiado o inapropiado, para producir lo que creemos es la decisión más sabia. Desde nuestros primeros días de vida, hemos creado esta comprensión sobre cómo funciona la vida, y cuáles son las mejores opciones para nosotros.

La visión bíblica del mundo es una manera de sentir, interpretar y responder a la realidad, a la luz de la perspectiva bíblica. Esta lente nos da una comprensión personal de cada idea, oportunidad y experiencia, basada en la identificación y aplicación de principios bíblicos relevantes, para que cada decisión que tomemos sea coherente con los principios y mandamientos de Dios. A riesgo de parecer simplista, preguntaremos: ¿Qué haría Jesús si estuviera hoy en mis zapatos?, y pondremos en práctica la respuesta, sin resignar nada por temor a cómo reaccionará el mundo.

¿CÓMO ES QUE JESÚS PODÍA PENSAR COMO LO HACÍA?

Jesús pudo dar forma a una visión bíblica porque Él es Dios, y por lo tanto conoce y encarna a la verdad y el bien. Sin embargo, el hecho de que fuera humano durante su período de presencia física en la Tierra, sugiere que también tenía que trabajar para mantener una visión divina de todo lo que viera y enfrentara. Su proceso no fue accidental, no fue oculto: su exhortación a los discípulos fue: *"Dejen que les enseñe"*.[1] ¿Qué podemos aprender de su modo de tomar decisiones?

La narración de la vida de Jesús nos muestra que hubo cuatro elementos que funcionaban juntos, para contribuir a su visión del mundo.

Primero: tenía un *cimiento* claro, confiable y accesible. Segundo: estaba *concentrado* en la voluntad de Dios, ¡con la precisión de un rayo láser! Tercero: evaluaba toda información, toda experiencia, por medio de un *filtro* que daba como resultado las decisiones adecuadas. Cuarto: actuaba en la *fe*.

El cimiento de Jesús

¿Cuál era el implacable cimiento para los pensamientos y acciones de Jesús? La santa Palabra de Dios, registrada en la Escrituras. Jesús no se contentaba simplemente con tener las Escrituras a mano, en el templo más cercano. Memorizaba los pasajes, para ganar la seguridad y la guía que necesitaba en los momentos cruciales.[2] Y aún cuando instruía a los discípulos, anclaba su enseñanza en los principios esenciales de las Escrituras.[3] Cuando retó a los líderes religiosos de su tiempo por tomar decisiones inadecuadas, desafiaba el conocimiento de estos y su interpretación de las Escrituras.[4]

La concentración de Jesús en la voluntad de Dios

En un sentido, Jesús fue la definición de quien tiene mentalidad estrecha. Estaba concentrado únicamente en conocer y cumplir la voluntad de Dios. Buscaba transmitir esto a sus seguidores, a quienes les decía: *"Porque he descendido del cielo, no para hacer mi voluntad, sino la voluntad del que me envió"*.[5] Su gran conocimiento de las Escrituras le daría el contenido de su punto de concentración, pero ¿cómo podía evitar distraerse, y mantenerse siempre concentrado en la voluntad de Dios?

Jesús pasaba mucho tiempo a solas con Dios, buscaba la soledad para oír la voz de su padre en el cielo.[6] Ayunaba para recordarse a sí mismo que debía concentrarse en Dios.[7] Identificaba y promovía la misión que Dios le había dado, veía este propósito como la prioridad en su vida.[8] Oraba continuamente para que Dios lo guiara.[9] El mensaje para nosotros es que cuando deseamos apasionadamente concentrarnos en Dios, e invertimos nuestros esfuerzos y recursos en ello, Dios será quien alimente la conexión.

El filtro de Jesús

Jesús tomaba decisiones muy distintas a las habituales, porque Él filtraba la información utilizando una grilla mental, emocional y espiritual diferente. Su filtro eliminaba las suposiciones y expectativas, en favor de un análisis más exhaustivo de los hechos y los principios de las Escrituras. Uno de los más acabados ejemplos de este pensamiento, fue el Sermón de la Montaña. Desafió las ideas de la gente, recordándoles: *"Han oído..."* antes de dar por tierra con estas visiones erróneas, con un revolucionario *"pero yo digo..."*.[10] Algunas de sus afirmaciones reflejaban una sabiduría simple pero profunda, proveniente de un manantial de discernimiento, comprensión de la humanidad y perspectiva bíblica básica.[11]

La forma de pensar de Jesús sería intrigante desde un punto de vista teórico, pero incapaz de actuar sin la fe que lo llevaba a actuar según su visión. Esta comprensión escapa a muchos cristianos que saben qué es lo que está bien, pero no logran hacer lo que saben. Jesús demuestra que una visión bíblica del mundo debe estar respaldada por la acción. Dicha acción exige una fe completa en que haciendo lo que honre a Dios, y no a los hombres, y que esta será la única medida del éxito.

La fe de Jesús tenía múltiples facetas. Observe, por ejemplo, que Él era realista y sabía que sus esfuerzos por cumplir con la voluntad de Dios le causarían dificultades y sufrimiento.[12] Pero el hecho de saber esto no lo detenía, porque había sopesado la alternativa —la actividad autodirigida, en desobediencia a Dios— y reconocía la futilidad y la estupidez de luchar en contra de Dios. Por eso podía actuar de modo valiente según lo vemos nosotros, pero con valentía percibida por Él como el único camino de sentido común.[13] No sentía ansiedad sobre las consecuencias, porque sabía que mientras honrara a Dios y permitiera que el Espíritu Santo obrara a través de Él, sus perspectivas y elecciones serían las apropiadas.[14]

¿Está más allá de nuestro alcance el pensar como Jesús? ¡De ninguna manera! Dios nos ha provisto con todas las herramientas —los cimientos, la capacidad para concentrarnos y filtrar y los medio de fe— que nos permiten seguir el ejemplo de Jesús.

PENSAR COMO JESÚS ES CUESTIÓN DE OBEDIENCIA

El punto de partida de Jesús era el conocimiento y el compromiso por hacer lo que Dios manda hacer en la Biblia. Sería buena idea entonces ver qué es lo que enseña la Biblia sobre la visión del mundo y cómo desarrollarla. Resulta que la Biblia nos habla clara y poderosamente sobre este tema. Indiscutiblemente, Dios nos ordena que pensemos como Jesús. Aquí van algunos ejemplos de sus mandamientos al respecto.

Busque la sabiduría de Dios

"Haciendo estar atento tu oído a la sabiduría; si inclinares tu corazón a la prudencia, si clamares a la inteligencia, y a la

prudencia dieres tu voz; si como a la plata la buscares, y la escudriñares como a tesoros, entonces entenderás el temor de Jehová, y hallarás el conocimiento de Dios. Porque Jehová da la sabiduría, y de su boca viene el conocimiento y la inteligencia. Él provee de sana sabiduría a los rectos; es escudo a los que caminan rectamente" (Proverbios 2:2-7).

Este pasaje nos brinda un entendimiento más profundo de la idea que Dios tiene de la sabiduría. Es más que simplemente un dicho ingenioso o una sugerencia útil. Es la vida misma. Al llamar a la sabiduría "el tesoro a escudriñar", Salomón nos urge a adquirirla y aplicarla como primera prioridad en la vida. La sabiduría de Dios debe ser la fibra de nuestro ser, y no podremos sentirnos satisfechos hasta tanto comprendamos y vivamos en armonía con sus expectativas. Afortunadamente, Él da esta sabiduría a quienes la buscan de verdad, pero debemos buscarla, ir tras ella.

No se deje engañar

"Mirad que nadie os engañe por medio de filosofías y huecas sutilezas, según las tradiciones de los hombres, conforme a los rudimentos del mundo, y no según Cristo" (Colosenses 2:8).

La advertencia de Pablo a los creyentes colosenses nos señala que el mundo activamente buscará desviar nuestra mente en dirección distinta a lo que Dios desea. Si recordamos que libramos una batalla por nuestro corazón, nuestra mente y nuestra alma, entonces esta visión aumenta en importancia. En el mercado competitivo de ideas e imágenes, habrá muchas alternativas seductoras que esperan por nosotros, y muchas de ellas parecerán razonables, porque nuestro enemigo sabe disfrazar el mal en paquetes muy atractivos. Debemos pensar con cuidado en cada opción y rechazar aquellas que no sean conformes a los caminos de Dios.

Comprométase con lo que es importante

"Para que temas a Jehová tu Dios, guardando todos sus estatutos y sus mandamientos que yo te mando, tú, tu hijo, y el hijo

de tu hijo, todos los días de tu vida, para que tus días sean prolongados. Oye, pues, oh Israel, y cuida de ponerlos por obra, para que te vaya bien en la tierra que fluye leche y miel, y os multipliquéis, como te ha dicho Jehová el Dios de tus padres. Oye, Israel: Jehová nuestro Dios, Jehová uno es. Y amarás a Jehová tu Dios de todo tu corazón, y de toda tu alma, y con todas tus fuerzas. Y estas palabras que yo te mando hoy, estarán sobre tu corazón; y las repetirás a tus hijos, y hablarás de ellas estando en tu casa, y andando por el camino, y al acostarte, y cuando te levantes. Y las atarás como una señal en tu mano, y estarán como frontales entre tus ojos; y las escribirás en los postes de tu casa, y en tus puertas" (Deuteronomio 6:2-9).

Las palabras de Dios a Moisés y los israelitas nos recuerdan que llegar a pensar como Jesús no es tarea de un momento, que se cumpla de una sola vez, o una experiencia vivida y aprendida enseguida, sino un camino sin fin, que serpentea, que nos lleva al descubrimiento, a la revelación y a la aplicación. Desarrollar una visión bíblica del mundo requiere de tiempo, energía mental, diligencia y confianza en las palabras de Dios a nosotros. El contenido será nuestra continua fuente de reflexión y punto de concentración. Es un proceso que viviremos juntos con quienes nos rodean cercanamente, porque son parte de nuestro viaje de descubrimiento, como nosotros lo somos del suyo. Nuestro impulso por lograr dicha visión bíblica del mundo no es algo que deba provocar timidez en nosotros; los demás deben observar y notar que estamos en una búsqueda sin pausa, que nos llevará a tal sabiduría y conducta.

Sea transformado

"No os conforméis a este siglo, sino transformaos por medio de la renovación de vuestro entendimiento, para que comprobéis cuál sea la buena voluntad de Dios, agradable y perfecta" (Romanos 12:2).

No hay duda de cuál es el deseo de Dios para nosotros: intencionalmente debemos volverle la espalda al mundo y desarrollar con todo nuestro esfuerzo una mentalidad que el mundo es incapaz de reconocer. Se nos exhorta, no solo a cambiar, sino a *transformarnos*. Esto es lo que la visión bíblica del mundo produce en nosotros; es un renacimiento intelectual de la persona, paralelo al renacimiento espiritual que ocurre en nuestra alma cuando recibimos a Cristo como nuestro salvador.

Pelee de manera adecuada

"Pues aunque andamos en la carne, no militamos según la carne; porque las armas de nuestra milicia no son carnales, sino poderosas en Dios para la destrucción de fortalezas, derribando argumentos y toda altivez que se levanta contra el conocimiento de Dios, y llevando cautivo todo pensamiento a la obediencia a Cristo" (2 Corintios 10:3-5).

En alusión a la batalla espiritual que nos ocupa, Pablo valientemente proclama que debemos adoptar la mentalidad y las armas de Dios para poder hacer que las personas se concentren en las cosas correctas. Adoptar una perspectiva diferente de la de Dios es rebelión, y lleva a la debilidad espiritual; tomar todo pensamiento en Cristo, promueve vida y obediencia.

Confíe en la guía de Dios

"Y si alguno de vosotros tiene falta de sabiduría, pídala a Dios, el cual da a todos abundantemente y sin reproche, y le será dada. Pero pida con fe, no dudando nada; porque el que duda es semejante a la onda del mar, que es arrastrada por el viento y echada de una parte a otra" (Santiago 1: 5-6).

Dios quiere que nos apoyemos en Él, que busquemos su dirección y que confiemos en sus promesas, para que encontremos el entendimiento que Él nos ofrece. Pero, como advierte Santiago, debemos estar preparados para utilizar una sabiduría sobrenatural y no para recitar lo que aparenta ser sabiduría humana. Como nos recuerda el profeta Isaías (ver Isaías 55:8). Sus pensamientos no son los nuestros, y por eso, *precisamente*, es que necesitamos depender de Él y no de nuestra mente o corazón.

Ejercítese espiritualmente

"Pero el Espíritu dice claramente que en los postreros tiempos algunos apostatarán de la fe, escuchando a espíritus engañadores y a doctrinas de demonios; desecha las fábulas profanas y de viejas. Ejercítate para la piedad; esto manda y enseña" (1 Timoteo 4:1, 7, 11).

¿Debe sorprendernos que hoy sea tan inusual que las personas desarrollen una visión bíblica del mundo y vivan de acuerdo con ella? De ninguna manera, según dice Dios. De hecho, Él predice que habrá una enorme cantidad de personas que rechazarán sus palabras y seguirán en cambio las persuasivas aunque falsas enseñanzas de otros. Nuestra responsabilidad sigue siendo la misma, a pesar de esta tendencia: debemos invertir nuestra vida en ejercitarnos espiritualmente y mantenernos concentrados en la Palabra de Dios, y darla a conocer a quienes desean escuchar, pero especialmente debemos madurar nuestro desarrollo espiritual, sin excusas.

Preste atención

"Porque mis pensamientos no son vuestros pensamientos, ni vuestros caminos mis caminos, dijo Jehová" (Isaías 55:8).

Como criaturas mortales y falibles del Dios viviente, fuimos creados para que nuestras inclinaciones naturales no necesariamente coincidan con las de Dios. Si deseamos estar en paz con Él, debemos esforzarnos y trabajar para conocer, comprender y ajustarnos a su voluntad y corazón. Esto requiere que tengamos la intención sincera de desarrollar una visión bíblica del mundo, que lo honre, y que seamos agresivamente atentos en cuanto a completar esta tarea.

Tema a Dios

"El fin de todo el discurso oído es este: Teme a Dios, y guarda sus mandamientos; porque esto es el todo del hombre. Porque Dios traerá toda obra a juicio, juntamente con toda cosa encubierta, sea buena o sea mala" (Eclesiastés 12:13-14).

Nuestras elecciones en la vida se reducen a unas pocas conductas importantes. Salomón concluye su estudio de la condición humana, del significado de la vida, y de la naturaleza y mente de Dios; dice que debemos respetar a Dios por completo y obedecerlo en todo. Todo lo demás, es periférico.

Confíe solamente en Dios

"Fíate de Jehová de todo tu corazón, y no te apoyes en tu propia prudencia. Reconócelo en todos tus caminos, y él enderezará tus veredas. No seas sabio en tu propia opinión; teme a Jehová, y apártate del mal" (Proverbios 3: 5-7).

La pelota está en nuestro campo de juego. Dios nos ha dado las herramientas y la oportunidad; nosotros debemos tomar la iniciativa y activamente seguir su guía. Hasta que aprendamos que no podemos hacer esto solos, y que es su voluntad y guía únicamente lo que nos hará capaces de llegar al éxito, seremos víctimas de nuestra propia arrogancia. Estos pasajes lo establecen claramente, pues dicen que lo que pensamos, el modo en que pensamos y las acciones nuestras en respuesta a lo que pensamos, le importan a Dios. Por eso, también deben importarnos a nosotros.

PENSAR COMO JESÚS TIENE SUS BENEFICIOS

La Biblia nos promete que esta gesta por la verdad y plenitud nos proveerán una sorprendente cantidad de riqueza. Por supuesto, no es adecuado adoptar una visión bíblica del mundo simplemente porque produzca resultados positivos. No. Vivir en coherencia con sus principios, es lo correcto. Su rectitud no reside en los resultados; los resultados vienen a causa de la rectitud.

Con esto en mente, pensemos en la cantidad de beneficios que resultan de pensar y vivir como Jesús. Se nos promete ganancia física, beneficio emocional, capacidad superior para tomar decisiones, ventajas de relación, mejora de estilo de vida y salud espiritual. Cuando más nos dedicamos a imitar el pensamiento y conducta de Jesús, tanto más puede Dios bendecirnos y utilizarnos para sus propósitos.

Parece una propuesta sin desventajas, pero recuerde que nada se logra sin un precio. Aunque es un Dios amoroso el que quiere bendecirnos con estos beneficios, Él también nos informa que no los recibiremos a menos que nos comprometamos con todo nuestro ser, con un esfuerzo pleno, sin excusas, por buscar, conocer y seguir la sabiduría de Dios. El desarrollo de una perspectiva de vida que honre a Dios va más allá de memorizar unos pocos versículos de la Biblia, de asistir a la iglesia de vez en cuando y de dar algo de dinero a los pobres.

Los beneficios de pensar como Jesús[15]

Beneficios físicos	Beneficios en las actitudes y emociones	Beneficios en la toma de decisiones	Beneficios de relación	Beneficios espirituales	Beneficios en el estilo de vida
protección	gozo	sabiduría	aceptación humana	aprobación de Dios	éxito
larga vida	plenitud	buenos planes	honor	recompensa celestial	riqueza
vitalidad	felicidad	dirección	buena reputación	perdón	bendiciones
buen dormir	vivir sin miedo	buen criterio	respeto	misericordia	vida en abundancia
	autocontrol	entendimiento	justicia		

Supongo que también podríamos contar la ausencia de serias dificultades, como beneficio. Dios habla inequívocamente acerca de vivir según lo que dicta el mundo, en lugar de vivir según los principios divinos. En los ocho capítulos iniciales del libro de Proverbios, descubrimos que vivir en oposición a estos principios resulta en cosas indeseables. Los resultados son numerosos y diversos:

desastre, terror, corrupción, muerte prematura, desaliento, maldición del Señor, burla, vergüenza, amargura, deshonor, pérdidas materiales, incapacidad física, castigo de Dios, ruina. ¡Qué dura penalidad, qué precio caro por oponernos innecesariamente, pero conscientemente, a Dios!

Jesús también lo dejó en claro entre sus seguidores. Entre los resultados que Él prometió como consecuencia de vivir para uno mismo, figuran las oraciones sin responder, la generosidad sin reconocimiento, el juicio duro, la culpa que acosa, la falta de comprensión, la percepción distorsionada, la suciedad, la ansiedad y la tensión nerviosa, el sufrimiento físico y emocional y la confusión. Para los creyentes, son estos los medios con que Dios nos disciplina; para los no creyentes, reflejan los componentes iniciales de un castigo que perdurará aún más.

Entonces, insistamos en esta cuestión. Al poseer una visión bíblica del mundo, genuina y verdadera, veremos el otro lado de la moneda en nuestra decisión de confiar en Jesucristo para nuestra salvación. Es decir, que si somos discípulos devotos de Jesucristo, mientras estábamos aún esclavos del pecado, invitamos a que Jesús nos rescatara de la condena permanente a causa de vivir apartados de Dios. Por medio de su muerte en la cruz y su regreso al trono del cielo, Jesús nos dio esa posibilidad. Pero a cambio, Él nos da la capacidad —que espera que la utilicemos— para convertirnos en personas nuevas, nacidas de nuevo en espíritu, pero también renovadas en la carne, como lo evidencia la entrega total y voluntaria a su Espíritu Santo, y un cambio en nuestro estilo de vida.

¿Pero cómo podremos manifestar esta devoción? Al cambiar nuestra visión de la realidad, es decir, al quitarnos los lentes del mundo y reemplazarlos por los lentes del Señor, los de la vida. En lugar de ver el mundo y de interpretar la realidad con los ojos del mundo, el cambio en nuestro espíritu nos da la capacidad de ver la realidad a través de los ojos de Jesús, de oír en verdad la profunda sabiduría de sus palabras, de responder personalmente de manera más robusta. Nuestra renovación espiritual es el paso inicial para una renovación total de nuestra vida, a medida que vamos entendiendo la realidad con mayor claridad y vivimos en concordancia plena, humilde y apasionada y vamos en sus caminos.

EL COSTO DE PENSAR COMO JESÚS

Dios siempre nos bendice cuando nos dedicamos con pasión a lleva a cabo sus verdades.[16] Pero vivir en armonía con una visión bíblica también implica desafíos y tribulaciones. Jesús habló de esto con sus seguidores, porque quería que entendieran —y entendiéramos— que la visión bíblica del mundo no hace que la vida sea más fácil; sí hace que nuestra vida agrade a Dios y sea de recompensa personal. Una vida de obediencia a Dios, no puede ser entendida o apreciada por un mundo de egoísmo y pecado. Jesús les advirtió a las personas que la obediencia a Dios traería rupturas con familiares y amigos, luchas en términos económicos, hacer el ridículo en público, problemas legales, amenazas de muerte, prisión, ataques físicos, desempleo, malos entendidos y enfermedades graves.

Los que se comprometen a vivir en plena obediencia a Dios, también estarán más involucrados con la batalla espiritual por su alma. Vivir para Dios con toda intención y coraje, nos pone en posición de blanco para ataques espirituales, porque Satanás reconoce a dichas personas como amenazas serias que le impiden lograr sus objetivos. Dios promete protegernos, pero habrá tiempos difíciles a causa de nuestra elección: despertamos al enemigo cuando elegimos pensar y vivir como Jesús. Si tenemos dudas acerca de esto, pensemos en las dificultades que Jesús mismo debió soportar.

LA LIBERTAD DE ELEGIR

Así que, la libertad es nuestra. Dios no nos obligará a movernos en una u otra dirección; depende enteramente de nosotros. Esa es la naturaleza del libre albedrío. Hay elecciones correctas y equivocadas, pero Él deja que elijamos nosotros. Cada elección crea consecuencias, por supuesto, y si elegimos pensar como Jesús, o de otra manera, seguirá habiéndolas.

Recordemos que la ruta que elegimos —la fe y la obediencia, o la gracia barata, el egoísmo o el rechazo a Dios— determinará la naturaleza y el resultado de nuestra experiencia en esta Tierra y después de la muerte.

La decisión más importante que podamos tomar es cómo responder a la muerte y resurrección de Jesucristo, respecto de nuestra propia condición de mortales. La segunda decisión más importante se relaciona con cómo viviremos a la luz de nuestra primera decisión.

Si usted no ha recibido a Jesús como Señor y Maestro de su vida, no siga leyendo este libro hasta tanto llegue a alguna conclusión al respecto. Hable con seguidores de Jesús con relación a sus motivos para haber decidido seguirlo. Lea lo que dice la Biblia al respecto.[17] Ore a Dios, aún si no está muy seguro de creer en Él, y pida sabiduría, guía. Consulte otros libros que tratan sobre el pecado, el perdón, la gracia y la salvación eterna en mayor detalle. No permita que su destino se determine por sí mismo, o 'por *default*', como dicen los programas de computación.[18] Tome una decisión intencionada e informada, y continúe hacia su fin lógico.

Quizá ha recibido a Jesús como su única esperanza, pero observa que aún no ha logrado ver cómo vivir en la plenitud de esa elección, al conocer y observar los principios y mandamientos de Dios, en cada momento de su vida. Es decir, tiene usted la aceptación de Dios, pero no todavía el corazón y la mente del Señor. Entonces, únase a mí en este viaje, mientras intentamos aprender cómo pensar como Jesús para poder vivir imitándolo. Le prometo que el viaje será movido.

———

Dos

❧

La mentalidad estadounidense

SI TIENE USTED CORAZÓN, MENTE Y ALMA —y claro que los tiene— tendrá una visión del mundo. Recordemos que nuestra visión del mundo es producto de toda la información, las ideas y experiencias que absorbemos para dar forma a los valores, la moral y las creencias que tenemos. Pero poca gente dedica tiempo a examinar con conciencia la lente con la que ve el mundo, aún cuando esta defina en mucho quiénes somos y cómo nos comportamos.

Durante las últimas dos décadas he llevado a cabo encuestas nacionales para encontrar aspectos clave en la visión del mundo que tienen las personas. Permítame compartir con usted lo que he descubierto acerca de los elementos de la visión del mundo de los cristianos nacidos de nuevo.[1]

¿Por qué examino solamente la lente de ese grupo de personas? Porque representan los cimientos de la iglesia de Dios, y son justamente las personas en quienes Dios se apoya para comunicar sus principios y parámetros a otras personas. Si este grupo utiliza una lente que representa con exactitud la visión de Dios de la realidad, entonces hay un cimiento fuerte sobre el que puede construirse la iglesia y una cultura que comprenda, ame, tema, sirva, honre y glorifique a Dios. Pero si la comunidad de los nacidos de nuevo en general no posee una visión del mundo que esté de acuerdo con las Escrituras, tenemos un problema mucho más grande y serio que resolver.

POSEER UNA VISIÓN BÍBLICA DEL MUNDO

Para averiguar la naturaleza de la visión del mundo que tienen las personas, les preguntamos cómo toman sus decisiones éticas y morales. Luego de entrevistar extensamente a sectores cruzados de la población de nuestro país, hemos aprendido que hay diversas perspectivas muy populares y de moda, que influyen en la toma de decisiones morales.

Entre los adultos nacidos de nuevo:

- seis de cada diez siguen un conjunto de principios o parámetros específicos en lo que creen, como guías de conducta.

- dos de cada diez adultos nacidos de nuevo hacen lo que sientan que está bien, o que es cómodo, en cada situación.

- uno de cada diez adultos nacidos de nuevo hace lo que cree hará felices a los demás, o lo que cree que creará el menor conflicto con los demás.

- casi uno de cada diez creyentes toman decisiones morales sobre la base de lo que piensan producirá el resultado personal más beneficioso, o lo que creen que su familia y amigos esperan que hagan, o lo que piensan que otros harían en la misma situación.

Absolutos morales

En el grupo más grande —los que basan sus decisiones morales en principios y parámetros específicos— preguntamos luego cuál es la naturaleza de estos principios y parámetros. Por medio de estas preguntas descubrimos que apenas menos de la mitad utilizan la Biblia como su fuente de principios y parámetros. Casi dos de cada diez se apoyan en valores y perspectivas que les enseñaron sus padres, y una proporción similar alega que otras enseñanzas o ideas religiosas dan forma a sus decisiones morales. Uno de cada diez dice que los principios de impacto se basan en sentimientos, y casi uno de cada dieciséis dice que sus experiencias de vida determinan su moral y su ética. Solo un dos por ciento dice que la ley y la política dictan sobre sus elecciones morales.

Si sumamos estas cifras llegamos a comprender cómo las personas determinan lo que está mal o bien, para tomar decisiones morales. Entre los adultos nacidos de nuevo, casi un cuarto toma decisiones morales y éticas en base a la Biblia. Uno de cada cinco basa su decisión en lo que piensa que es correcto. Uno de cada doce se apoya en lo que sus padres le enseñaron en cuanto a valores y principios. Uno de cada diez hace lo que minimice el conflicto, y una proporción menor confía en diversas teorías o ideas.

En esencia, esto nos dice que tres de cada cuatro cristianos nacidos de nuevo no toman en cuenta a la Biblia como influencia mayor para formar su visión del mundo. Esto también da lugar a la pregunta de qué es lo que creen que dice la Palabra de Dios acerca de la naturaleza de la verdad moral, entre el grupo de uno de cada cuatro que supuestamente confían en la Biblia. Para medir esto, les preguntamos si creen que la verdad moral es relativa a la situación, o si es absoluta e inmutable.

Si aceptamos la idea de que la Biblia nos comunica las verdades eternas e inmutables de Dios, los resultados de la encuesta son de veras impactantes.

Entre los que dicen que se apoyan en principios y parámetros bíblicos como brújula para la toma de decisiones, solo la mitad cree que toda verdad moral es absoluta. El resto, o cree que las decisiones morales deben tomarse sobre la base de la percepción personal y la situación en particular, o ni siquiera piensan en el hecho de que la verdad pueda ser relativa o absoluta.

Esto significa que solamente el catorce por ciento de los cristianos adultos nacidos de nuevo —digamos uno de cada siete— se apoya en la Biblia como brújula mora y, *además,* cree que la verdad moral es absoluta. Si bien estas perspectivas no representan en sí mismas la totalidad de una visión del mundo basada en la Biblia, forman el cimiento sobre el que se basa dicha lente. Muy pocos cristianos nacidos de nuevo tienen este cimiento, esta base.

Ahora veamos el contenido, si examinamos cuántos otros adultos —es decir, personas que no son cristianos nacidos de nuevo— mantienen una visión bíblica del mundo: casi nadie. Por ejemplo, solamente el dos por ciento de quienes asisten a una iglesia cristiana, pero no han nacido de nuevo —un segmento que representa casi a la mitad de la población que asiste a las iglesias— tienen el cimiento de la visión bíblica del mundo. Entre los adultos asociados con la iglesia protestante, un nueve por ciento lo tiene, comparado con un uno por ciento entre los católicos.

Hay enormes diferencias generacionales también. Mientras un siete por ciento en la generación mayor —los que tienen más de cincuenta años— basan sus decisiones morales en la Biblia y dicen que la moralidad es absoluta, y un diez por ciento de los nacidos entre 1946 y 1964, al tiempo que solamente un tres por ciento de los nacidos entre 1958 y 1968, y un cuatro por ciento entre los mayores en la generación nacida entre 1984 y 2002 tienen una visión similar.[2] No debe sorprender que las mujeres suelan doblar en cantidad a los varones en cuanto a basar sus decisiones morales en la Biblia, y dicen que la moralidad se basa en absolutos (siete por ciento versus cuatro por ciento, respectivamente).

En total, solamente un seis por ciento de los adultos estadounidenses posee un cimiento sólido sobre el cual construyen una visión bíblica del mundo.

Creencias espirituales

Pero nuestra visión de la vida no se basa solamente en nuestra percepción de los absolutos morales. Las creencias religiosas también tienen un papel central en la comprensión y respuesta de la gente ante la vida. Si queremos saber si las personas piensan como Jesús, también debemos examinar sus creencias espirituales primordiales.

Durante años utilicé una batería de seis preguntas que comienzan a revelar la adopción de principios bíblicos centrales. Específicamente, examinamos lo siguiente:

- Dios es el Creador omnisciente, todopoderoso del universo, que hoy sigue gobernando el universo.

- Cuando Jesucristo estuvo en la Tierra, vivió una vida sin pecado.

- Satanás no es solamente un símbolo del mal, sino una entidad real y viviente.

- Una persona no puede ganar su salvación eterna siendo buena o haciendo cosas buenas por los demás; esa salvación es un regalo de Dios, que obtenemos gratis.

- Toda persona que cree en Jesucristo tiene la responsabilidad personal de hablar de su fe en Él con otras personas que crean en cosas diferentes.

- La Biblia es totalmente exacta en todo lo que enseña.

Estas seis afirmaciones son, por supuesto, un inventario incompleto del sistema de creencias de una persona. Hay muchos elementos adicionales que podríamos incluir para formar un perfil completo de la perspectiva espiritual de un individuo. Para pensar más plenamente como Jesús, debiéramos considerar la visión de la adoración, el amor, la obediencia, la administración de los dones de Dios, el servicio al necesitado, la responsabilidad, el perdón y mucho más.

Al utilizar este limitado rango de indicadores, sin embargo, encontramos algo que nos inquieta. Digamos que definimos la visión bíblica del mundo como aquella en que la persona cree que la Biblia es el parámetro moral, y que cree que las verdades morales absolutas existen y se nos comunican por medio de la Biblia, y que la persona posee un punto de vista adecuado respecto de las seis afirmaciones presentadas aquí. Mediante esa definición entonces, ¡encontramos que solamente un nueve por ciento de los adultos nacidos de nuevo tienen una visión bíblica del mundo! Otro seis por ciento cree en la verdad moral absoluta, y que la Biblia comunica esta verdad, pero no tienen perspectivas apropiadas sobre las seis afirmaciones teológicas.

Y por supuesto, lo más inquietante es descubrir que un ochenta y cinco por ciento de los estadounidenses adultos nacidos de nuevo no posee ni el cimiento ni la creencia que les habilitaría para tener una visión bíblica del mundo.

Digámoslo de otra manera: un noventa y nueve por ciento de los adultos nacidos de nuevo no tienen una visión bíblica del mundo; y un noventa y ocho por ciento de los adolescentes nacidos de nuevo no la tienen tampoco.

Si su corazón no ha caído al suelo con esto, no comprende las implicancias de estos hechos tan inquietantes. Cuando las personas se preguntan por qué la iglesia cristiana pierde influencia en la sociedad estadounidense —lo cual sostienen siete de cada diez adultos estadounidenses— la razón es que hay tan poca gente que piensa como Jesús.

Pongámoslo en perspectiva. En el 2003 los Estados Unidos tenían unos doscientos diez millones de adultos. Unos ciento setenta y cinco millones dicen ser cristianos. Unos ochenta millones son cristianos nacidos de nuevo. Apenas siete millones tienen una visión bíblica del mundo. Esto representa a solo uno de cada treinta adultos en esta nación.

Dios no necesita de una mayoría para que su voluntad se cumpla en este mundo. Pero estas cifras le dan un nuevo significado a la descripción bíblica de los verdaderos creyentes como "el remanente".

¿SON DIFERENTES LOS QUE PIENSAN COMO JESÚS?

Es instructivo examinar el estilo de vida de quienes poseen una visión bíblica de la realidad, para determinar si esta visión marca alguna diferencia real en sus vidas. ¿Representa el pensamiento de Jesús la *transformación de su mente*, como se menciona en la Biblia?

Los datos de las encuestas muestran aspectos notorios, cuando comparamos tres tipos diferentes de medidas: actividad diaria, actividad religiosa y creencia religiosa, en tres segmentos de personas: quienes tienen una visión bíblica del mundo, quienes han nacido de nuevo pero no tienen una visión bíblica del mundo, y quienes no han nacido de nuevo.

Actividad diaria

Por ejemplo, los cristianos con una visión bíblica del mundo evitan contenido adulto en Internet, nueve veces más que otras personas; suelen boicotear productos y compañías objetables, cuatro veces más que otros creyentes; oran por el presidente de los Estados Unidos durante la semana e intencionalmente no ven una película o video específicamente a causa de su contenido objetable dos veces más que otros creyentes y cuatro veces más que nos no creyentes. Y es mucho más probable que se aparten de su camino para alentar a quien se halla desalentado, y también es más probable que no fumen.

Actividad religiosa

Las diferencias no son menos importantes en materia de actividad religiosa. En una semana típica, los creyentes con visión bíblica del mundo leen la Biblia dos veces más que los demás creyentes. También es más probable que asistan a servicios o a clases de escuela dominical, y que hagan trabajo voluntario en la iglesia. Es también más probable que oren a Dios, y menos probable que se involucren en grupos pequeños. Las diferencias entre ellos y las personas que no son nacidas de nuevo son como la noche y el día.

Creencias religiosas

Las creencias religiosas de los tres segmentos de personas también son enormemente divergentes. Aquí enumero algunas de las brechas más notorias. Quienes piensan como Jesús son más propensos que los nacidos de nuevo sin visión bíblica, a adoptar la idea de que tienen una responsabilidad personal de evangelizar. Y es cinco veces más probable que adopten la visión de que las personas nacen con naturaleza pecadora.

Quienes piensan como Jesús tienen tres veces más probabilidades que los adultos nacidos de nuevo con visión bíblica del mundo, a negar la idea de que la Biblia, el Corán y el Libro de Mormón contengan las mismas verdades básicas. La misma proporción rechaza la idea de que la verdad solo pueda descubrirse por medio de la lógica, la razón y la experiencia, y la idea de que la salvación eterna se gane mediante buenas obras. También presentan tres veces más posibilidades de rechazar la idea de que orar a los muertos fallecidos tenga un efecto positivo en la vida.

También tienen más del doble de probabilidades de creer que las fuerzas espirituales como los demonios, pueden influir en la vida de una persona. Y en doble proporción que los demás, afirman que la Biblia específicamente rechaza la homosexualidad, y rechazan la idea de que Jesús pecó mientras vivió en esta Tierra.

Lo que indican los datos

¿Qué conclusión podemos presentar acerca de la influencia de pensar como Jesús, en la vida de una persona? Hay abundante evidencia que sugiere que tener una visión bíblica del mundo tiene un efecto dramático en nuestra conducta, nuestras percepciones y creencias. Cuando uno ve el mundo a través de los ojos de Dios, nuestra mente y corazón se transforman de manera que "automáticamente" respondemos a cada situación de modo diferente al de otras personas. También vemos que el tener una visión bíblica del mundo produce una diferencia más importante en nuestra vida que simplemente recibir a Jesucristo como salvador. Esta es una afirmación controversial, a menos que nos tomemos un momento para comprender lo que quiero decir. No digo que las vidas de las personas no se vean afectadas cuando reciben a Cristo como su salvador, o que dicha decisión sea de importancia secundaria. Si la decisión de entregar nuestra vida a Cristo es genuina, nuestro destino eterno cambia radicalmente. Esa decisión de confiar únicamente en Jesucristo para la salvación es la decisión más importante que pueda tomar una persona en esta vida, y es el punto de partida para una relación verdadera con el Dios viviente.

Pero los datos que mostramos en las tablas que siguen, y la investigación que hemos llevado a cabo estos últimos veinte años, va aún más allá.[3] Parece que millones de personas que reciben a Jesús como su salvador, no lo aceptan en realidad como su Señor; es decir, aceptan gustosos su oferta de salvación eterna, confiesan sus pecados y profesan que Él es su Salvador para ganar la aceptación de Dios y escapar a la ira de su juicio por nuestros pecados.

Pero su desarrollo espiritual no va mucho más allá de aceptar la oferta de salvación: no invierten continuamente en la transformación de sus vidas para llegar a ser un reflejo más acabado de quién es Jesús, al vivir Él en nuestro corazón, buscando cambiarnos. Tampoco manifiestan su compromiso ante Dios con su conducta.

En consecuencia, hay millones —y los datos sugieren que aún más— de personas nacidas de nuevo, cristianos, que no han rendido o entregado sus vidas por completo, por lo que siguen con un pie firmemente plantado en este mundo, y con el otro en el mundo que vendrá. Eso hace que mucha gente que llama a Jesús su Salvador, viva de modo que no se distingue de la manera en que viven quienes no lo llaman su Salvador.

Lo que quiero decir es que cuando comparamos dos grupos de cristianos nacidos de nuevo —quienes tienen una visión bíblica del mundo y quienes no la tienen— encontramos una diferencia mayor entre estos dos grupos que la que hay entre los creyentes sin visión bíblica y los que no han nacido de nuevo. Dicho de otra manera, podría ser que quienes viven una transformación espiritual revolucionaria y genuina no son aquellos que meramente le piden a Jesús que los salve del sufrimiento eterno. Son quienes buscan la paz eterna con Dios y adoptan una visión que les permita pensar y actuar como Jesús.

Como conclusión final, estas estadísticas nos llevan a apreciar por qué la iglesia cristiana tiene un impacto tan limitado en la cultura estadounidense. Parece que los cristianos se ven más afectados por la sociedad, de lo que la sociedad se ve afectada por los cristianos. ¿Por qué? Quizá porque más de nueve de cada diez cristianos nacidos de nuevo no piensan como Jesús, sino como piensa el resto del mundo. Por lo tanto, también se comportan como ciudadanos de este mundo. No son la sal y la luz que Jesús nos ordena ser, porque les falta el compromiso personal y la profunda fe que les hace ser personas verdaderamente cambiadas, guiadas por Dios en todo.

El impacto de pensar como Jesús

En septiembre de 2002, el Barna Research Group de Ventura, California, realizó una encuesta sobre una muestra al azar de seiscientos treinta adultos en los cuarenta y ocho Estados continentales. El propósito de esta encuesta era el de ver el impacto de una visión bíblica del mundo en los cristianos, en comparación con otros cristianos que no la tuvieran. Además, la encuesta comparó a estos dos grupos de cristianos con las actitudes de quienes no eran "cristianos" nacidos de nuevo. Los resultados están en la tabla que siguen:

Abreviatura: *VBM es Visión Bíblica del Mundo.*
Clave: *"Cristianos nacidos de nuevo con VBM"*, incluye a personas que creen en la verdad moral absoluta, que toman decisiones morales siguiendo un conjunto de principios o parámetros específicos basados en la Biblia, que confían en Cristo para su salvación y reflejan una perspectiva bíblica en seis temas de fe claves: salvación, confianza en la Biblia, responsabilidad personal para evangelizar, existencia de Satanás, vida sin pecado de Jesús y naturaleza de Dios.
"Cristianos nacidos de nuevo sin VBM" incluye a personas que se han comprometido personalmente con Jesucristo y esto es importante en sus vidas, y que creen que irán al cielo porque han confesado sus pecados, han recibido a Jesucristo como su Salvador, pero no creen en la verdad moral absoluta, ni toman decisiones morales siguiendo un conjunto de principios

o parámetros específicos basados en la Biblia, ni tienen una visión bíblica de las seis afirmaciones clave respecto de la salvación, confianza en la Biblia, responsabilidad personal para evangelizar, existencia de Satanás, vida sin pecado de Jesús y la naturaleza de Dios.

"No cristiano nacido de nuevo", incluye a los adultos que no se han comprometido personalmente con Jesucristo, como factor importante en sus vidas, y que no creen que irán al cielo solamente porque han confesado sus pecados y recibido a Jesucristo como su Salvador.

Conducta, últimos siete días	CRISTIANO NACIDO DE NUEVO con VBM	sin VBM	NO CRISTIANO NACIDO DE NUEVO
Intencionalmente no compró un producto o marca para boicotear a la compañía que lo produce.	28%	7%	11%
Trabajó como voluntario más de una hora o vez, para ayudar a una organización que sirve a los necesitados.	49	29	22
Fumó un cigarrillo o cigarro.	7	22	37
Eligió no ver una película o video porque la clasificación indicaba que contenía material objetable.	50	27	14
Vio gráficos o contenido de Internet solo para adultos	•	9	9
Oró por el Presidente.	90	82	73

Actividad religiosa, últimos siete días

Leyó la Biblia, no durante una visita a una iglesia o sinagoga.	93%	54%	24%
Asistió a la iglesia, sin contar eventos especiales como boda o funeral.	79	60	29

La mentalidad estadounidense

Actividad religiosa, últimos siete días	CRISTIANO NACIDO DE NUEVO con VBM	CRISTIANO NACIDO DE NUEVO sin VBM	NO CRISTIANO NACIDO DE NUEVO
Trabajó como voluntario para ayudar a la iglesia.	51	33	11
Oró.	100	93	69
Asistió a escuela dominical o clase en la iglesia.	51	33	11
Participó en grupo pequeño que se reúne regularmente para estudio bíblico y oración, o reunión cristiana, sin incluir escuela dominical o grupo de doce pasos.	23	27	12

Creencias religiosas

Dios es el Creador todopoderoso, omnisciente, perfecto del universo que hoy gobierna el universo.	100	87	52
La Biblia es totalmente exacta en todas sus enseñanzas.	100	59	25
Tiene responsabilidad personal de comunicar a otros sus creencias religiosas.	100	51	21
El diablo/Satanás es un ser viviente y no solo un símbolo del mal.	100	84	54
Una persona que es buena en general y hace cosas buenas por los demás durante su vida, no puede ganar un lugar en el cielo.	100	39	16
Jesucristo no cometió pecado mientras vivió en la Tierra.	100	51	27
La Biblia puede ser interpretada correctamente por personas sin años de capacitación intensa en teología.	89	58	50

Creencias religiosas	CRISTIANO NACIDO DE NUEVO		NO CRISTIANO NACIDO DE NUEVO
	con VBM	sin VBM	
Orar a los santos fallecidos no afecta su vida.	76	29	20
Cuando nacemos no somos ni buenos ni malos; elegimos entre el bien y el mal mientras maduramos (desacuerdo).	56	14	10
Dios es uno solo, separado en tres: Dios Padre, Jesucristo el Hijo, y el Espíritu Santo.	100	84	55
Todas las personas tienen un alma que vivirá para siempre, en presencia o ausencia de Dios.	93	75	52
La Biblia, el Corán y el Libro de Mormón no son simplemente expresiones diferentes de las mismas verdades espirituales.	85	30	13
La verdad solo puede descubrirse por medio de la lógica, el razonamiento humano y la experiencia personal (desacuerdo).	71	25	18
La Biblia específicamente condena la homosexualidad.	92	47	27
No es posible comunicarse con las personas después de que fallecen.	78	43	30
El ser humano puede estar bajo control de la influencia de fuerzas espirituales como los demonios.	88	37	17
Ha identificado intencionalmente valores específicos que se esfuerza por seguir con coherencia en su vida.	97	75	67

¿QUÉ, SINO UNA VERSIÓN BÍBLICA DEL MUNDO?

Como todos tenemos alguna visión del mundo, si esta no está basada en la Biblia deberá estarlo en alguna otra fuente de conocimiento o perspectiva. De hecho, los filósofos y teólogos han identificado más de una docena de visiones del mundo que compiten entre sí, y que los estadounidenses han adoptado. La mayoría de los cristianos nacidos de nuevo, sin saberlo, han adoptado una o una combinación de estas visiones alternativas del mundo.

Aún los creyentes que por lo general siguen los principios de la Biblia, tienen algunos de los elementos de una o más de estas visiones alternativas sobre la vida, enterradas en sus mentes. Es la presencia de estas visiones que compiten entre sí lo que confunde a los creyentes y causa la disrupción entre su fe y su estilo de vida.

Para vencer los efectos negativos de operar con perspectivas no cristianas, veamos brevemente algunas de las visiones alternativas más comunes. Al estudiarlas, me alarmó la cantidad de elementos que había adoptado yo sin saber lo incompatibles que eran estas ideas con la fe cristiana. Esta absorción de basura filosófica y teológica era el resultado de mi propio pensamiento superficial —creo que es una de las características más salientes entre los estadounidenses— y mi inadecuada capacitación teológica. Años y años de escuchar sermones, de asistir a clases y de participar en grupos de estudios bíblicos no me habían preparado para filtrar la basura y adoptar únicamente la sabiduría bíblica. Algo —radical e intencional— tenía que hacer acerca del estado de mi visión del mundo.

Pero antes de poder eliminar las perspectivas y sistemas de pensamiento no bíblico de mi vocabulario mental, tenía que identificar los elementos. Luego de explorar una cantidad de textos, veo con mayor claridad algunas de estas visiones y sus implicancias. Quizá este resumen lo alerte para que descubra puntos de vista que usted también ha integrado inconscientemente en su pensamiento.[4]

Deísmo: el Dios ausente

Pensadores importantes y estimados como Voltaire y John Locke o Albert Einstein y Stephen Hawking, han presentado la visión de los deístas al mundo. Los deístas creen que Dios existe y que creó el universo, pero dicen que abandonó al mundo luego para que siguiera su curso. Dios entonces no tiene relación con las personas, ni ejerce poder y autoridad sobre la condición y experiencia humanas. En otras palabras, no ama de verdad ni a su pueblo ni al mundo que creó. El mundo fue algo que Dios el Creador diseñó como un arquitecto sin pasión antes de proseguir con su siguiente producto. Sigue funcionando sin Él, porque el universo es una máquina gigante y compleja que fue bien diseñada y se mantiene a sí mismo. Los milagros no existen en esta creación, porque no hay un hacedor de milagros presente que pueda entrometerse en las vidas de las cosas que creó. Finalmente, las personas determinan su propio destino, porque se les ha dado la capacidad de hacerlo, y a causa de la ausencia del Creador.

En el deísmo, la moralidad y la ética son importantes para la civilización. Sin embargo, sin un Dios puro, involucrado y conocido, como base de dichos conceptos, reina la relatividad. En esta visión no hay pecado ni maldad. En consecuencia, lo que suceda es lo que tiene que suceder, y la realidad será como deba ser; por ello, lo que sea, está bien.

La naturaleza adquiere una importancia exagerada, porque los deístas creen que Dios es conocible, en una extensión limitada, mediante el uso de la inteligencia humana y el análisis que permite entender a Dios por medio de lo que Él creó. La Biblia puede ofrecer ideas adicionales acerca de Dios, pero lo que más importa es nuestra interpretación de la realidad y los hechos descriptos en la Biblia, y no la revelación especial de Dios. Por eso, la naturaleza es el más acabado reflejo de Quien creó todo y lo ordenó antes de retirarse de dicha creación, y ha dejado que la experiencia personal, el intelecto y las elecciones sean la ventana por la que se comprende la vida.

Naturalismo: lo que ves es lo que obtienes

Defendido por Bertrand Russell, Karl Marx y muchos otros. Esta visión está encapsulada en los Manifestos Humanistas, de los cuales hay dos ediciones en el último siglo. Esta visión viene en dos sabores muy populares: el humanismo secular y el marxismo. Si bien cada uno tiene cosas que los distinguen, ambos concuerdan en la mayoría de los puntos centrales en relación a las dimensiones espiritual y mundana.

Los naturalistas sostienen que Dios no existe. Nuestras percepciones de una presencia divina son simplemente la proyección de nuestra propia experiencia. No hubo Creador del cosmos, y no hay intervención tal como milagros o dirección divina: la materia y el universo siempre existieron. Todo es esencialmente una máquina unificada, y las personas son elementos en esa máquina, evolucionadas de la materia existente.

La historia y la vida humana no tienen propósito alguno. Todas las experiencias se basan en el azar. Las elecciones que los humanos hacen se basan en la supervivencia más que en otra cosa, es la última historia de la historia, que resulta en conflictos que facilitan la auto perpetuación. Los humanos necesitan de la comunidad y la plenitud, pero estos fines se logran por medio de nuestras obras, si nos hacemos esclavos de nuestra vocación.

Los humanos son intelectual y moralmente distintos de otros elementos del universo, pero sin un creador santo que sirva como parámetro, valor y ética, que son fabricaciones humanas sin base en la realidad o la objetividad. Por eso, los naturalistas no tienen problemas emocionales, intelectuales o filosóficos, y la ética es situacional o inconsistente porque no hay un cimiento para parámetros morales o éticos.

Habiendo sido dejados libres para que hagan algo con el mundo abandonado, las personas buscan la plenitud mediante la comodidad material, la dignidad personal y la comunidad. Los valores que existen en ese mundo son un invento humano. No hay que temer a la muerte, y ni siquiera pensar en ella, porque la muerte es meramente la transición de la materia humana hacia otras formas. Para los naturalistas no hay vida después de la muerte, ni hay cielo ni infierno.

Nihilismo: *negación de la existencia*

Esta oscura perspectiva de la vida ha sido expuesta por personas como Friedrich Nietzsche, Franz Kafka, Samuel Beckett y Kurt Vonnegut Jr. La visión sugiere que nada, incluyendo a Dios, existe en verdad. Ni el conocimiento, ni el significado ni los valores. La vida, como creemos que la sentimos, ¡no tiene significado porque no es lo que pensamos que sentimos! Es la visión contraria al mundo, que sostiene que no hay mundo que requiera de una explicación.

En ciertos modos, el nihilismo es la extensión de los cimientos del naturalismo: la materia es todo lo que existe, todo sucede al azar, no hay poder divino que intervenga desde fuera del sistema. Las personas no tienen conciencia de sí mismas, la razón humana no tiene base. La vida es un vacío; la verdad es la negación absoluta de todo. No hay guerra espiritual porque no hay seres espirituales, no hay bien y no hay mal.

Esta es una de las visiones más deprimentes, sin duda alguna. En sí mismo, no significa que sea errónea. Sí explica por qué tantos de sus proponentes se vuelven locos, se suicidad o viven perdidos en la fantasía. Como su propia existencia no puede ser, y como niegan el significado, el valor, la importancia, la dignidad, sienten una agonía intelectual auto impuesta y sin paz, y un sufrimiento sin esperanza de salvación de ese pozo de desesperanza.

Existencialismo: realidad sin significado

El existencialismo también es una extensión del naturalismo, y ha sido defendido por Jean Paul Sartre y Albert Camus. Sostiene que la vida no tiene un significado último, que cada persona debe determinar qué significado le asignará a la vida, para luego lograr la plenitud en su búsqueda. Este punto de vista proclama que la vida es absurda, en parte porque tenemos libertad y capacidad, pero operamos en un contexto de caos y carencia de significado.

Para evitar una visión nihilista, entonces, aprovechamos la existencia al crear nuestro propio mundo de valores; como nuestras acciones reflejan nuestras elecciones, por definición son correctas. El conflicto constante se evita solo porque lo que es mejor para mí también lo será para los demás, y esto resulta en un mundo en el que las elecciones personales satisfacen los anhelos personales y el interés social al mismo tiempo. El reconocimiento del absurdo y el azar de la existencia será lo que le permita a uno llevar una vida auténtica, lo cual es un gran valor.

La bondad consiste en vivir de modo que la vida sea cómoda e interrelacionada. No hay Dios porque una deidad no crearía una existencia sin significado ni esperanza, con sufrimiento sin sentido, con caos y azar a diario.

La distinción entre el nihilismo y el existencialismo es la pasión: el nihilista ve un mundo estrictamente objetivo en su azar, mientras el existencialista cree que las personas pueden sentir pasión y compasión en su lucha con la continua inutilidad de la vida.

Postmodernismo: hiperindividualismo

Es la reciente adaptación del existencialismo con rasgos de naturalismo, es difícil de describir porque existe para desafiar la descripción y la categorización. Aún los posmodernistas que la proponen como visión, tienen la dificultad de que no hay "metanarrativa" o una gran historia que explique la vida y la realidad, y esa negación de la visión tradicional del mundo, es en esencia el corazón de la visión posmodernista. Nacida de la conducta más que del concepto, es decir, desarrollada sobre la base de la sociología y no de la filosofía o teología, la teoría del postmodernismo desafía muchas cosas, pero responde muy pocas.

En consecuencia, un posmodernista puede elegir creer en Dios si quiere, pero no puede obligar a otros a hacerlo. Si está bien para esa persona, esto se convierte en parte de su historia de vida en particular, pero no puede imponer esta visión particular a otros, a menos que esa otra persona elija libremente incorporar la noción en su propia historia de vida personal. Parece claro, sin embargo, que el dios que aceptan los posmodernistas no puede ser la deidad descripta en la Biblia, porque uno de los principios fundacionales de esta visión del mundo es que las verdades morales absolutas no existen, y si existen, no podemos conocerlas.

Los posmodernistas creen que tienen la capacidad de utilizar el lenguaje —una construcción social que distorsiona la realidad para nuestros propósitos— para transmitir nuestras experiencias e historias personales, pero que estas historias son simplemente verdades personales, y no verdades validadas y compartidas. Como la historia de una persona es personal, no puede desafiarse ni puede extenderse a la sociedad para representar una verdad mayor o un cuerpo de significados, más que lo que representa para ese individuo. Como no hay realidad objetiva, ni verdad, ni propósito mayor, el lenguaje y la comunicación se concentran en contar historias que describen experiencias personales, como substitutos de la verdad. La conducta moral es esencialmente asunto privado; el deseo, la emoción y la experiencia personal determinan el bien y el mal.

Sin absolutos, y como el lenguaje es un invento diseñado para dar poder a las personas, los adherentes del postmodernismo son particularmente sensibles a las estructuras de autoridad o a las jerarquías de todo tipo. Su visión del mundo promueve la hipertolerancia como una de las virtudes más elevadas. El resultado natural e inevitable de este énfasis en la tolerancia es la fragmentación, la decadencia —aunque la experiencia no puede describirse como decadencia, porque no hay moral absoluta— el caos y la elección radical.

El postmodernismo no deja lugar para el control externo, para el orden establecido, las leyes o limitaciones impuestas por otros. Culturalmente, el postmodernismo apoya la anarquía —moral, política, emocional y espiritual— como la verdadera y plena expresión del ser.

En medio de dicha sociedad, el más alto objetivo de un individuo será sobrevivir en comodidad y autosatisfacción. La vida es una azarosa serie de experiencias subjetivas sin propósito ulterior más allá de la supervivencia, aunque dicha supervivencia tampoco tenga un propósito real. Se enfatiza el proceso en que puede uno comprometerse, más que el producto o el propósito del esfuerzo. Esto explica el romance del postmodernismo con la tecnología, porque promueve el proceso y la técnica más que el producto o el impacto. Los sentimientos reemplazan a la razón, a la experiencia, a la lógica y a las contradicciones a la coherencia.

Las relaciones y las conexiones son esenciales para que exista el postmodernismo. Mientras los existencialistas encuentran significado por medio de la experimentación individual y la experiencia, los posmodernistas solo pueden encontrarlo por medio de la experiencia grupal. La conexión a un grupo es lo que permite que una persona logre su identidad.

Piense en esto: el postmodernismo es la visión preponderante entre las generaciones más jóvenes de estadounidenses —1964 a 2002—. Se enseña en escuelas públicas y universidades de la nación. Los libros de texto tienen un sesgo posmodernista, y la música contemporánea alimenta el fuego del postmodernismo.

Panteísmo: divinidad impersonal

Si bien hay un vínculo claro aunque inestable —por ejemplo, la creencia en Dios— entre el deísmo y el cristianismo bíblico, y conexiones discernibles entre el naturalismo, el nihilismo, el existencialismo y el postmodernismo, hay un camino divergente, representado por quienes adhieren al panteísmo. Proveniente en gran parte de las religiones y filosofías orientales, el panteísmo viene en diversas formas y sabores: budismo zen, hinduismo, meditación trascendental, y otros. El grupo tiene muchos factores comunes que hacen que esta visión de la vida sea diferente de todos los puntos de vista tradicionales en occidente. El panteísmo es difícil de comprender porque juega con reglas y suposiciones muy distintas, y aún estas son difíciles de identificar.

El panteísmo sostiene que todos somos dios. Sin embargo, en esta visión, dios es un concepto abstracto, impersonal; dios es una gran unidad del universo y no un ser espiritual santo, poderoso, amoroso y creativo. El panteísta vive para alcanzar la unidad con el universo, reconoce que todo a su alrededor es parte de esta unidad y que todo elemento en la creación tiene alguna dimensión de dios dentro de sí. Si esto parece vago y ambiguo, es porque el panteísmo reconoce que el lenguaje es una construcción humana incapaz de captar la grandeza, la esencia y la singularidad de dicho pensamiento.

Como esta visión exalta la existencia eterna de toda materia, la creación no es un tema que interese a sus adherentes. La gente vive dentro de una jerarquía de cosas materiales e inmateriales, busca lograr la armonía con todas las cosas. Todos intentamos esto muchas veces, porque el panteísmo sostiene que las personas se reencarnan, pero que la vida siguiente resulta de las experiencias y esfuerzos pasados; es reflejo del *"karma"* —condición presente— creado por uno.

No hay comprensión tradicional de la moralidad en esta visión, porque no hay base para lo bueno o lo malo. Lo bueno ocurre porque el *karma* se ve afectado por lo que hacemos. En otras palabras, la conducta moral resulta en que el individuo coseche beneficios en alguna vida futura.

El panteísmo se preocupa más del proceso que del producto; la técnica triunfa por sobre la doctrina, y esto da como resultado el énfasis en la evolución de la persona, más que en la conducta o la creencia. La técnica que funciona es generalmente individual, solitaria, única e internalizada. Desde el punto de vista occidental, el objeto del panteísmo es el adormecimiento mental; la interpretación oriental es lograr la paz y la armonía con el universo por medio de un estado de inactividad de ensueño, que lleva a la unidad universal.

Muchos caminos puede llevar a un buen resultado en este proceso, en parte porque la historia es algo sin significado, el tiempo como algo cíclico y real, es una ilusión. Nada importa, pero todo importa al mismo tiempo. Si el cristianismo bíblico trata sobre lo que uno cree, el panteísmo trata sobre no hacer nada, sino simplemente ser.

Nueva Era: sincretismo filosófico

La Nueva Era es una visión mezclada, popularizada por escritores como Carl Jung, Aldous Huxley, Robert Heinlein, Carlos Castenada y Marilyn Ferguson, además de celebridades del espectáculo como Shirley MacLaine y George Lucas. Al igual que el panteísmo, se basa mayormente en el misticismo oriental, pero también abarca a otras tradiciones. De hecho, toma elementos de todas las visiones antes mencionadas, y de otras que no nombramos aquí.

En el pensamiento de la Nueva Era, no hay dios trascendente ni poder del mal que se opongan a la humanidad o al poder divino. El individuo es la máxima autoridad, vista como un ser ya divino. Como seres que pueden trascender las limitaciones del tiempo, el espacio, la moralidad y la inmortalidad, las personas evolucionan constantemente hacia un nivel más alto de conciencia por medio de experiencias personales y místicas. En el camino pueden tomar contacto con seres de la antigüedad, y encontrar todo tipo de seres espirituales de diversa personalidad, propósito y poder. La visión de la Nueva Era es animista por naturaleza.

Diariamente, la vida vale la pena porque podemos disfrutar de múltiples experiencias, que son todas privadas y no pueden compartirse, pero que pueden ser personalmente reveladoras, da nuevas y emocionantes fuerzas que nadie puede negar o denigrar. Las personas tiene potencial ilimitado; ese potencial está bloqueado únicamente por nuestra falta de voluntad para ir más allá de nuestro tiempo, espacio y limitaciones materiales. Los adherentes de la Nueva Era son propensos a describir experiencias fuera del cuerpo, revelaciones por medio de la meditación, la pre encarnación y la reencarnación, y visiones cristalinas del pasado y del futuro.

La moral y la verdad siempre son relativas y cambiantes, porque no hay realidad objetiva, ni parámetros: lo que vemos, tocamos, sentimos, creemos o imaginamos existe, porque lo reconocemos como existente. La consecuencia es una búsqueda sin fin de la sensualidad, el gozo y la autosatisfacción personales, que los cristianos nacidos de nuevo percibirían como anarquía moral.

Los humanos son el punto central de toda realidad, según la Nueva Era, en un viaje espiritual que les permite sentir niveles múltiples de madurez espiritual. Esta madurez se relaciona mayormente con reconocer, sentir y permitir la unidad de toda materia y experiencia, que resultan en una "conciencia cósmica" que elimina las barreras tradicionales, lógicas, los contornos y las limitaciones de la realidad.

Los adherentes de la Nueva Era creen en la eternidad y la vida personal más allá de la existencia terrenal, pero no limitan dichas experiencias a la visión cristiana del cielo y el infierno. La muerte física es solo un estado diferente, una experiencia de conciencia.

¿POR QUÉ ES PROBLEMÁTICO PENSAR COMO LO HACE EL MUNDO?

Por supuesto, no he ofrecido un resumen exhaustivo de todas las visiones que compiten con la verdad de Dios. Satanás, conocido en las Escrituras como el padre de las mentiras, ha engañado a la gente durante milenios. Discernir y descifrar las mentiras y engaños del mundo, no es tarea fácil. Especialmente cuando esas mentiras están impregnadas en los símbolos, el lenguaje, los ideales y valores de nuestra cultura, y son propagados constantemente por la televisión, las películas, la música, los libros de texto, las novelas, los video juegos y las propagandas, sin limitación alguna. Esta presentación breve simplemente tiene la intención de transmitir un sentido de lo que logran estas visiones, que compiten entre sí, entre las personas con respecto a su creencia en Dios, la creación, la humanidad, la autoridad espiritual, la moralidad y la redención.

El saber que los vehículos de comunicación comunes en nuestra cultura continuamente nos exponen a estas visiones, al menos puede alentarnos a hacer una pausa y pensar en lo que adoptamos como visión del mundo y cómo —o si hacerlo— proteger nuestra mente y corazón de la invasión de estas filosofías desviadoras e insostenibles.

Pienso, por eso actúo

Algunas personas se preguntarán por qué es tan importante estar atento a estar visiones. La razón es que *uno se convierte en lo que cree*.

El cristianismo estadounidense ha fracasado enormemente desde mediados del siglo XX, porque los discípulos de Jesús hoy, no actúan como Jesús. No lo representan bien porque son incapaces de comportarse como Cristo, o porque no tienen buenas intenciones o porque no piensan como Él. Usted y yo podemos profesar ser seguidores, pero recuerde, la evidencia más importante de nuestra lealtad no es lo que decimos sino lo que hacemos.

Tomemos un ejemplo práctico del modo en que nuestra visión del mundo da forma a nuestra conducta. ¿Puedo yo, un hombre casado, tener relaciones sexuales con una hermosa mujer casada con otro hombre? La visión bíblica me impediría siquiera fantasear con dicha conducta. Dios, que me hizo a mí, y para quien vivo, ha ordenado que respete a la mujer como más que un objeto de deseo sexual personal, que respete su responsabilidad sexual hacia su marido, que tenga yo relaciones sexuales solamente con la mujer con quien me casé y con quien —a los ojos de Dios— me he convertido en una sola carne, y que no debo apenar a Dios o insultar a mi esposa con fantasías de relaciones sexuales con otra mujer.

Un naturalista alentaría el acto de adulterio porque refleja el cumplimiento de mis deseos personales, lo cual constituye el objetivo de mi vida en última instancia.

El nihilista sostendría que no importa, porque las relaciones sexuales son solo uno más de los actos sin significado, sin valor y que no puede prohibirse por motivos morales, lógicos ni espirituales.

El existencialista permitiría la relación mientras me brinde valor personal y no se espere de ella ningún tipo de plenitud permanente o significado mayor.

El posmodernista diría que está bien, porque es la expresión de la individualidad y se hace con buena intención. Mientras el acto sexual se base en la aceptación mutua y haga que pueda yo sobrevivir con comodidad y buenos sentimientos, es un emprendimiento razonable y encomiable.

El adherente de la Nueva Era con pasión diría que la conducta es aceptable, porque refleja la existencia que hemos imaginado y deseado, y que por eso es buena y nos permitirá alcanzar otro nivel de conciencia.

Y esto es solo una parte de las miles de instancias de conductas que podríamos estudiar. Observe que la visión bíblica es la única que indica que no hay que comportarse sexualmente al azar. No ha de sorprendernos que la moral y los valores de la nación estén distorsionados, y que se hayan borroneado durante las últimas décadas.

Solo la visión bíblica protege a las personas de sí mismas y lo hace sobre la base de un alineamiento de la verdad bíblica, la lógica, la razón y la experiencia.

Importancia de la visión del mundo

Volvamos a la pregunta inicial, ¿qué diferencia puede haber a causa de nuestra visión del mundo?

Desarrollar un cimiento sólido basado en la Biblia, del que se desprendan nuestros pensamientos y acciones, es la única salvaguarda contra la muerte total de nuestra cultura, la pérdida de significado y propósito en la vida, y el rechazo de todo lo que Dios tiene por importante y amado. Pensemos en la alternativas: todas las otras visiones del mundo indican que la vida es relativamente insignificante, una existencia sin beneficios en la que no hay gran propósito ni significado, sin deidad trascendente que nos haya creado y nos ame lo suficiente como para guiarnos hacia una vida sana y significativa, que tiene aún experiencias mayores esperando para sus fieles criaturas en el futuro.

Recuerde que aunque pocos estadounidenses tengan una visión bíblica del mundo, la mayoría están inmersos en ejercicios diarios de capacitación encubierta, por medio de los medios de comunicación, la ley, la educación pública, Internet, y la conversación con pares. Solo un proceso intencional diseñado para desarrollar, integrar y aplicar la visión bíblica nos protegerá del ataque mental y espiritual que ocurre a nuestro alrededor cada día. Si no logramos adoptar y vivir una visión bíblica, encontraremos como resultado que nuestro estilo de vida contradice el código eterno moral y espiritual perfecto de Dios, diseñado para promover nuestra relación con Él, con los demás y con el mundo que Dios nos confió.

¿DEMASIADO TARDE PARA REPARAR?

No importa lo joven o viejo que sea usted, no importa cuál haya sido su crianza, y a pesar de sus creencias y conductas pasadas, jamás es demasiado tarde como para comprometerse a conocer, amar y servir a Dios más completamente. Si ha leído hasta aquí, y se pregunta si está en sintonía con los principio de Dios y sus parámetros para la vida, dé vuelta la página y permítame describirle las siete preguntas clave que debiéramos contestar sobre la base de la verdad bíblica, para poder moldear nuestras mentes y corazones según la voluntad de Dios. Aquí es donde la suela toca el suelo.

Tres

❧

LA FE Y EL ESTILO DE VIDA

Si es usted como la mayoría de los seguidores de Jesucristo, probablemente tenga unas pocas reservas acerca de la necesidad de desarrollar una visión bíblica del mundo. Después de todo, usted ya cree en la Biblia y concuerda en que su vida debe verse radicalmente afectada por su fe, y quiere vivir de manera que agrade a Dios y haga una diferencia positiva en el mundo.

Sin embargo, cuando se trata de vivir en armonía con una visión bíblica, no estará seguro acerca de cómo hacerlo, o de cómo se ve esto. Le falta algo que conecte el deseo de honrar a Dios con un proceso de decisiones basadas en los principios de Dios. Le falta un puente.

Seguro, habrá pasado horas leyendo la Biblia y aún memorizando versículos. Ha adquirido elementos de verdad en los servicios de la iglesia, la escuela dominical, en reuniones pequeñas y en otros lugares que ha frecuentado. Y quizá haya conversado con pastores, misioneros, maestros cristianos o profesores de seminario, y ha escuchado programas de radio cristianos, y leído revistas cristianas. Todas las piezas están allí: la inspiración, la intención, la inteligencia y la información.

Pero al final de día, se da cuenta de que el tener todas las piezas para construir un puente útil y sólido —la piedra fundacional, los elementos de infraestructura, los tirantes que sostienen todo— no alcanza, si no se tiene un plano de obra. Si este lo único que tiene es un montón de partes, cada una con valor limitado por sí misma, pero que no refleja el valor verdadero hasta tanto se le ponga en contexto, es decir, cuando se la utilice para su propósito final.

Y si es usted parecido al resto de nosotros, le avergüenza admitir esto porque piensa que, claro, después de tanto tiempo y de tantas experiencias que tienen que ver con la fe, ya tendría que haber comprendido todo esto.

Bien, tome aire y relájese. Usted lucha con el mismo cuestionamiento que confunde —o debiera confundir— a más de ochenta millones de adultos nacidos de nuevo en los Estados Unidos, y decenas de millones en otros países del mundo. Afortunadamente, *"Y sabemos que a los que aman a Dios, todas las cosas les ayudan a bien, esto es, a los que conforme a su propósito son llamados"* (Romanos 8:28),[1] así que sus experiencias, su educción y frustraciones lo han preparado para este momento de descubrimiento. Nunca es tarde para hacer lo correcto. Y este es el momento perfecto para que diseñe y lleve a cabo el plan que construirá el puente entre su deseo y su capacidad de vivir en armonía con una visión cristiana de la vida.

LOS LADRILLOS PARA CONSTRUIR

Para construir el puente necesita usted un cimiento, una infraestructura y los tirantes que fortalezcan la estructura. Pensemos en estos elementos, de a uno por vez.

El cimiento: la Biblia

El cimiento es simple. Es la Palabra de Dios. Como dijimos antes, la Biblia es un libro de instrucciones exactas, inspirado por Dios, y dirigido a todos los que queramos ser sus seguidores. Contiene verdades prácticas, parámetros, principio y modelos que nos indican cómo vivir una vida con significado eterno, una vida recta. Su profundidad y confiabilidad le dan al puente las raíces que se necesitan para pasar con seguridad, de una existencia sin sentido, a otra con sentido.

Si no existiera ese documento, estaríamos en la misma penosa situación en la que están las demás visiones del mundo: discutiríamos con los adherentes acerca del contenido de nuestra perspectiva, y todo se resumiría a seguir a quien hablara más fuerte, o más claro, o más convincentemente, o con más amabilidad o comprensión, y no podríamos saber quién sería el mejor proponente a seguir, porque no contaríamos con el parámetro exacto, certero e indiscutible de verdad y claridad.

La infraestructura: preguntas esenciales

Sin embargo, por sí solo un cimiento de nada vale a menos que sea apoyo para alguna cosa; el cimiento adquiere valor cuando se utiliza como base para algo práctico. En nuestro deseo por combinar la intención con la acción, necesitamos una superestructura sobre nuestro sólido cimiento.

En cuanto a aprender a pensar como Jesús, la superestructura es el cuerpo de principios que nos presentan las Escrituras. En nuestra analogía de la construcción, si el cimiento es la Biblia, la superestructura son las preguntas esenciales que nos permiten encontrar sentido en la enorme cantidad de información que brinda la Palabra de Dios. Estas preguntas nos permiten organizar la información de la Biblia para que encontremos su sentido; en otras palabras, construir una visión del mundo coherente y plausible. Sin la superestructura, solo tendremos muchos datos o, para continuar con la analogía que nos ocupa aquí, cientos de materiales valiosos que pueden o no utilizarse para construir el puente.

Los conectores: preguntas esenciales

No hay puente, por supuesto, si lo único que tenemos es un cimiento y los postes que conforman la superestructura; falta algo que ligue estos elementos. Los conectores, en este caso, son los principios, historias, mandamientos y ejemplos provistos por la Biblia en respuesta a nuestras preguntas esenciales.

Siempre hemos tenido estas respuestas a nuestro alcance, y probablemente conozca usted ya el contenido de la mayoría de estos pasajes bíblicos. Lo que nos ha faltado es la superestructura que organiza la información de modo que nos ayude a unir las diferentes partes del puente y sus elementos estructurales.

Así que, ahí lo tenemos, es simple, una vez que tenemos en mente la imagen completa —es decir, el plano de obra—. Los elementos están todos allí: una fuente creíble de información, ciertas preguntas sobre su contenido, y las respuestas satisfactorias a dichas preguntas, tomadas directamente del documento de información. Pero necesitamos definir uno de estos elementos en detalle: ¿cuáles son las preguntas?

Siete preguntas que cambian nuestra vida

Hay literalmente cientos de preguntas que podríamos hacer para que nos ayuden a desarrollar una visión bíblica consistente y útil, que pudiera crear el mismo tiempo de ambigüedad y confusión que la mayoría de nosotros tiene respecto de los grandes temas de la Biblia. Solo se requieren unas pocas preguntas concretas —siete, relacionadas entre sí aunque discretas— que faciliten una comprensión práctica y lo suficientemente abarcativa de las verdades y principios de Dios.

Estas son las siete preguntas:

1. ¿Existe Dios?
2. ¿Cuál es el carácter y la naturaleza de Dios?
3. ¿Cómo y por qué fue creado el mundo?
4. ¿Cuál es la naturaleza y el propósito de la humanidad?
5. ¿Qué sucede después de que morimos en esta Tierra?
6. ¿Cuáles son las autoridades espirituales que existen?
7. ¿Hay una verdad?

Veamos por qué son importantes estas preguntas como requisito espiritual mínimo para lograr una visión del mundo razonable.

Hay tres partes esenciales que debemos incluir en toda visión: Dios, Satanás y la humanidad. Todos estos actores merecen atención a través del análisis especializado de su rol en la realidad. El objetivo final de estas preguntas es el de darnos una comprensión unificada y clara, abarcativa, de toda la realidad. Esto nos permitirá vivir como cristianos genuinos, como lo planificó Dios desde el principio. Estas preguntas debieran llevarnos desde el comienzo de la eternidad hasta su fin, pues tocan todo lo que tenga importancia en medio de este comienzo y ese fin.[2]

¿Existe Dios?

Las preguntas esenciales acerca de Dios tienen que ver con su existencia, y en caso de que exista, con su naturaleza. La cuestión de la existencia de Dios determinará si debemos o no prestar atención a un ser divino. Si Dios no existe, entonces toda la ecuación cambia en cuanto a verdad, moral, valores, propósito, conducta y la vida después de la muerte.

¿Cuál es el carácter y la naturaleza de Dios?

Si mantenemos que Dios existe, entonces el tema de su naturaleza y carácter adquieren importancia porque todo lo que esté bajo la autoridad de esta deidad deberá corresponderse son quién sea Él. Entonces, su naturaleza y sus propósitos adquieren un significado importante para nosotros.

Nuestras propias vidas sirven como analogía. Si pensamos en las condiciones, requisitos y dirección básicos de nuestra vida, el rol de nuestros padres —nuestros creadores terrenales— influirá sobre nuestros pensamientos. Si no tenemos padres identificables —o padres que no se involucran en nuestra vida— entonces somos libres de determinar nuestros propios valores y objetivos de vida, sin que nuestros progenitores influyan. Pero en caso de tener padres identificables, hay una relación automática que afecta el modo en que percibimos y respondemos ante el mundo. El ritmo, profundidad y naturaleza de nuestra maduración será diferente en respuesta a la naturaleza de la inversión que nuestros padres hagan en nuestra vida.

De manera similar, las criaturas de Dios reaccionarán ante Él a la luz de su nivel y el tipo de relación que Dios tenga en su existencia.

¿Cómo y por qué fue creado el mundo?

Como vimos en el capítulo 2, hay todo tipo de visiones en cuando a la creación. No es asunto trivial. Nuestra comprensión de lo que Dios creó y el por qué lo hizo, nos dará la visión de quién es Él y cómo podemos comprender sus propósitos. La visión de la creación da forma a la visión cristiana del mundo, a diferencia de las demás perspectivas alternativas.

Nuestra visión debería tocar aspectos tales como el modo en que se creó el universo, el poder y la creatividad de Dios, el propósito del universo en su plan eterno y grandioso, y su permanente rol dentro de lo que ha creado.

¿Cuál es la naturaleza y el propósito de la humanidad?

Una de las facetas centrales de la creación, por supuesto, es la existencia de la humanidad. Es vital en nuestra visión del mundo la identificación de las cualidades innatas y de la imagen de la humanidad, además del significado y el propósito de la vida humana. El modo en que llegamos a tener nuestros atributos personales y el sentido del significado de la humanidad, son tan importantes como lo es la naturaleza de dichos elementos.

Los humanos somos diferentes a todos los demás seres sobre la Tierra, dada nuestra personalidad, capacidad de razonamiento y relación con el Creador. Nuestro concepto del valor humano afectará las decisiones referentes a nuestra relación con Dios, con las personas y el resto de la creación; la sustancia de nuestras leyes y políticas públicas; nuestra percepción de la moral; y las necesidades y obligaciones de los seres humanos.

¿Qué sucede después de que morimos en esta Tierra?

Solo el cristianismo sostiene que Dios desea una relación eterna con todas las personas, pero que hay reglas que gobiernan esa posibilidad. A diferencia de otras visiones del mundo que afirman que como la vida no tiene significado eterno tampoco lo tiene la muerte, el cristianismo ve la vida en la Tierra como precursora de un futuro diferente, pero un futuro de gran importancia. Zambullirnos en la naturaleza de lo que sucede después de que partimos de esta Tierra, tiene consecuencias significativas para las decisiones que tomamos mientras vivimos en aquí.

¿Cuáles son las autoridades espirituales que existen?

Ya hemos tomado en cuenta la existencia de Dios, pero ¿qué hay de otros seres espirituales? ¿Existen? ¿Cuál es su naturaleza? ¿Qué autoridad poseen? Estos asuntos por cierto afectan la experiencia humana, especialmente en relación a la influencia, el pecado y los temas referentes al criterio espiritual, la recompensa y el castigo.

¿Hay una verdad?

Poncio Pilato preguntó lo esencial: ¿Qué es "la verdad"? Toda visión del mundo tiene su propio giro en este tema, y la respuesta determinará mucho en cuanto a nuestra conducta y creencias. La comprensión fundamental que se requiere para completar nuestra visión de la vida incluirá el tema de la existencia del bien y el mal; si existen, entonces preguntaremos si son absolutos o relativos, y qué base ofrecen para la toma de decisiones.

UN PEQUEÑO TRUCO MENTAL

Para quienes no están envueltos todo el tiempo en temas filosóficos y teológicos —es decir, para la mayoría de nosotros— estas preguntas no surgen naturalmente. De hecho, para muchas de las personas con quienes hablé sobre el tema de la visión del mundo, estas preguntas jamás habían existido. Porque no reflexionamos sobre estos temas fácilmente o no lo hacemos a menudo; es que necesitamos una muleta, un truco mental que nos haga recordar las preguntas. No es algo de lo que debamos avergonzarnos; es mejor tener un sistema que nos ayude a hacer lo importante, en lugar de conservar una auto-imagen falsa y abandonar temas importantes solo por proteger nuestro ego.

Muchas veces nuestra memoria se vale de acrósticos —es decir, una palabra en la que cada letra representa a otra palabra. Todos los domingos, miles de pastores utilizan acrósticos para enseñar principios religiosos a sus congregaciones.

Por ejemplo, se nos enseñó que los elementos de la oración pueden recordarse por medio del acróstico DIOS:

D ar gracias por la bondad de Dios.
I dentificar y confesar nuestros pecados.
O rar dando gracias por las bendiciones que Él nos da.
S uplicar por las cosas que deseemos.

Al crear un acróstico para estas preguntas, podremos recordar las preguntas mencionadas anteriormente, porque tendremos una lógica natural para nuestro proceso de desarrollo de la visión del mundo.

Quizá pudiéramos entonces, utilizar el acróstico SEPAMOS, relacionar las preguntas de este modo:

Recordatorio	Referente a	Pregunta clave
S	*Ser*	¿Existe Dios?
E	*Esencia*	¿Cuál es la naturaleza o carácter de Dios?
P	*Poder*	¿Qué fuerzas espirituales tienen poder y autoridad?
A	*Alumbramiento*	¿Cómo nació el mundo?
M	*Misión*	¿Cuál es la naturaleza y el propósito de la humanidad?
O	*Ocaso*	¿Qué pasa luego que morimos?
S	*Sabiduría*	¿Cómo conocemos la verdad moral, la ética, —ej., lo bueno y lo malo?

Y para quienes esta palabra no sea del todo adecuada, siempre tendremos la oportunidad de recurrir a algo más intelectual, como por ejemplo, la palabra griega ECCLESIA —iglesia—. Si le resulta más fácil, podrá usarla:

Recordatorio	Referente a	Pregunta clave
E	*Existencia*	¿Existe Dios?
C	*Carácter*	¿Cuál es el carácter o la naturaleza de Dios?
C	*Creación*	¿Cómo se creó el universo?
L	*La vida*	
E	*Esencial*	¿Lo esencial en la vida, su naturaleza y propósito?
S	*Seres espirituales*	¿Qué fuerzas espirituales tiene poder y autoridad?
I	*Integridad*	¿Cuál es la base del bien y el mal, la integridad?
A	*Allá*	¿Qué hay más allá, después de esta vida?

Quizá se le ocurran a usted acrósticos mejores —hágamelo

saber, porque me gustaría mucho darlos a conocer—. O quizá no necesite de un acróstico ni de ningún otro elemento de ayuda para recordar las preguntas. Es un proceso que deberá seguir, según le resulte más conveniente. No hay un modo correcto o incorrecto para hacerlo. El resultado final es lo que importa; haga lo que sea necesario para llegar a tener una visión que honre a Dios y extienda su reino.

LAS RESPUESTAS

Al determinar que la Biblia es un cimiento confiable sobre el que podemos construir una visión bíblica del mundo, y que hay siete preguntas esenciales que podemos utilizar para llegar a tener una visión holística que honre a Dios, debemos luego preguntar lo inevitable: ¿Cuáles son las respuestas a las siete preguntas? De esto tratarán los siguientes siete capítulos, y a medida que avancemos nos referiremos a algunas de las perspectivas bíblicas que nos brindan los bloques para construir nuestro puente.

Parte 2

DESARROLLEMOS UN PUNTO
DE VISTA BÍBLICO

Cuatro

PREGUNTA 1:
¿EXISTE REALMENTE DIOS?

NUESTRA VISIÓN DEL MUNDO tornará alrededor de esto. De si creemos que Dios existe, o no. Si no creemos en Dios, nuestra visión del mundo está libre de todo lazo que la una a la naturaleza y los propósitos de Dios. Nuestra perspectiva se alineará con alguna de las visiones ateas —naturalismo, nihilismo, existencialismo o postmodernismo. Por el contrario, si creemos que Dios sí existe, entonces debemos encontrar el significado de ello en nuestra vida.

Si somos cristianos, nuestra fe depende de la confiabilidad de la existencia del Dios que llamamos nuestro Creador, Guía, Consuelo y Salvador. Al igual que millones de otros estadounidenses, desde jardín de infantes me enseñaron que Dios existe. ¿Pero cuál es la base para que sepamos si esto es verdad? ¿Cuál es la evidencia irrefutable, persuasiva, de que Dios vive?

Nuevamente, desde mis más tempranas clases de catecismo, y luego a lo largo de mi vida, en las clases de la iglesia y mis lecturas, se me ha dicho siempre que la Biblia prueba que Dios es real. Pero uno de los descubrimientos más interesantes de mi viaje, es que las Escrituras no presentan un argumento abarcativo, sólido, en cuanto a su existencia. En lugar de ello, las Escrituras parecen suponer que toda persona pensante reconocerá su existencia. La Biblia luego, se concentra en temas implícitos por su existencia, como el propósito de Dios, sus mandamientos y expectativas.

Si lo pensamos, es imposible *probar* la existencia de Dios. Esto no niega su existencia; simplemente reconoce el hecho de que no podemos proveer evidencia irrefutable de un ser espiritual sin tiempo, infinito e invisible. Esto no es porque haya una deficiencia de parte de Dios; se debe al hecho de que nosotros, los seres humanos, estamos limitados por el tiempo, somos finitos y mortales. Por definición, somos incapaces de comprender por completo y demostrar la existencia de una deidad cuya naturaleza es tan ajena a nuestra propia experiencia.

Pero debemos recordar que si bien esta incapacidad no prueba ni deja de probar su existencia, nuestra mera consideración y búsqueda de un ser superior reflejan un entendimiento innato de que hay algo más grande que nosotros, responsable de la creación y supervisión de la realidad conocida. En otras palabras, intuitivamente reconocemos que algo o alguien es responsable de lo que existe hoy. Pero me adelanto al relato...

Por supuesto, millones de estadounidenses —conocidos como ateos— creen que Dios no existe. Hay más millones aún —agnósticos— que dicen que no saben —o que no les importa— si Dios existe. Muchos más millones creen que deidades diferentes del Dios que nos describen las Escrituras. Pero la mayoría de los estadounidenses, sin embargo, creen hasta cierto punto que el Dios de la Biblia existe. Como dijimos en el capítulo 2, hay gran variedad de visiones del mundo, nacidas en derredor de estas perspectivas.

Las preguntas más importantes son: ¿qué cree usted acerca de la existencia de Dios? ¿Por qué lo cree? ¿Qué diferencia marca esta creencia en su modo de pensar y conducirse?

Dios sigue siendo popular

Sigue siendo moda en los Estados Unidos. La gente sigue creyendo en Dios. Lo que creen acerca de Dios, su naturaleza y presencia o interés por el mundo hoy, varía. Actualmente, casi nueve de cada diez adultos afirman que Dios existe. La proporción de personas que dicen que Él es el Creador todopoderoso y omnisciente del universo, aún hoy interesado en esta creación, es menos importante, unos dos de cada tres adultos, describen a Dios de esta manera. Y el tercio restante se divide en tres grupos: quienes dicen que no hay Dios

—casi uno de cada diez adultos— quienes tienen una comprensión diferente de la naturaleza de Dios, y el grupo restante que cree que ellos y todas las personas tienen cualidades divinas inherentes a su condición de seres humanos.[1]

Es interesante, pero los jóvenes suelen no tener tanta resistencia a creer en el Dios bíblico, a pesar de que entienden su naturaleza de manera poco similar a la descripción que la Biblia brinda acerca de Dios.

LA PERSPECTIVA CRISTIANA

Los cristianos creemos que Dios siempre existió, que existe y seguirá existiendo siempre. ¿Por qué? La razón principal es que la Biblia enseña esto, a pesar de que se ve apoyada por una variedad de argumentos filosóficos y conclusiones basadas en evidencia tangible. Mayormente, nuestro conocimiento y confianza respecto de la existencia de Dios se basa en nuestra fe en Dios y su palabra para nosotros. Podemos reforzar esta fe con inferencias y pensamientos, pero nuestra afirmación de que Dios es real y que vive hoy, es un aspecto de nuestra confianza en la Biblia como fuente de verdad confiable.

Apoyarse en la fe no disminuye la importancia de la posición hacia la que nos lleva la fe. Hay muchas cosas en la vida que aceptamos sin cuestionamientos, aunque se cimienten en la fe. Si identificamos la fe como base de nuestra afirmación de que Dios existe, simplemente somos intelectualmente honestos. No debemos sentir que la posición sea endeble porque se basa en la fe, o porque la documentación que nos sirve de base es la Biblia. Como veremos, la Biblia es una fuente de conocimiento más confiable que muchas otras fuentes en las que confiamos día a día para entender la vida.

Recordemos que la Biblia nos dice que si comenzamos con fe en Dios, entonces Él se revelará a Sí mismo de maneras irrefutables.[2] Dios no quiere permanecer oculto o ajeno; y esto lo veremos en los capítulos que siguen. Él desea tener una relación con las personas, lo cual excluye la reclusión o el aislamiento.

Los teólogos y filósofos han debatido mucho sobre el tema de la existencia de Dios durante siglos, pero no han logrado llegar a una conclusión unánime. Hay, sin embargo, diversas posiciones que facilitan la confianza en la existencia de Dios. Después de todo, hay cuatro modos únicos de pensar en Dios: a través de las afirmaciones bíblicas, el razonamiento lógico y humano, la tradición de la Iglesia y la experiencia personal.

Como cristianos afirmamos que todo lo que creemos acerca de Dios y la realidad debe estar en total coherencia con las Escrituras, como lo revelan sus palabras, pero no afirmamos que todo conocimiento deba derivar inicial y primariamente de la Biblia. Por ello, podemos reconocer a Dios por medio de elementos de lógica dada por Dios, de eventos humanos o de visiones preservadas por la Iglesia y pasadas de generación en generación a través de los siglos. Todo esto simplemente señalará, aclarará y llamará nuestra atención hacia los principios que se encuentran en la Biblia.

Además, hay dos modos fundamentales en los que Dios se nos revela: por medio de la "revelación especial", como la comunicación personal de Dios, la presencia de Dios, y las palabras de Dios registradas; y por medio de la "revelación general" que incluye a la naturaleza, a la experiencia humana y su existencia. Tomemos en cuenta estos puntos de vista.

Lo que podemos percibir: la revelación general de Dios

El universo fue creado por Dios —algo que trataremos más extensamente en un próximo capítulo— y provee evidencia tangible de su existencia. ¿Cómo afirmamos su existencia como resultado de lo que Él creó? A través de las Escrituras, la lógica y la experiencia.

Muchos Salmos hacen alusión a la majestuosidad, lo intrincado, complejo y grandioso del universo. Por ejemplo, el Salmo 19:1 señala: *"Los cielos cuentan la gloria de Dios, y el firmamento anuncia la obra de sus manos"*. La carta del apóstol Pablo a los romanos afirma que las personas conocen la verdad acerca de la existencia de Dios y sus caminos, instintivamente por medio del conocimiento y sensibilidad hacia el mundo que Él pone en las mentes y corazones de cada uno de nosotros. *"Porque las cosas invisibles de él, su eterno poder y deidad, se hacen claramente visibles desde la creación del mundo, siendo entendidas por medio de las cosas hechas, de modo que no tienen excusa"* (Romanos 1:20).

Por medio de la lógica humana podemos preguntarnos a nosotros mismos acerca de la validez de la inferencia bíblica sobre la irrefutabilidad de la existencia de Dios, dado que vemos y sentimos lo que Él ha creado. Por último, razonamos que no hay otra explicación lógica para el mundo y su diseño: el orden, la complejidad, la originalidad, la interactividad, la continuidad y la belleza, todo esto es demasiado como para haber surgido sin que hubiera una fuerza poderosa e inteligente que diera forma al resultado. Aún si pudiéramos adjudicar al azar uno de estos elementos, no podríamos hacerlo para la existencia interactiva y simultánea de todos estos aspectos a la vez. Nuestra experiencia personal sobre la maravilla de esta realidad creada, nos lleva a una apreciación y comprensión de su ser, aún más profunda. La Iglesia ha afirmado su existencia históricamente, enfocando nuestra atención en el universo y sus atributos, y al ayudarnos a reconocer que cualquier otra explicación no es plausible.

Cuantos más datos recopilemos sobre el mundo en que vivimos, tanto más difícil se hace negar la existencia de Dios. Cuando estudiamos nuestro mundo, por ejemplo, observamos no solo la complejidad e interrelación de lo creado, sino el hecho de que nuestro mundo sigue existiendo gracias a la adaptación a los cambios. Piense en la temperatura de la atmósfera, la fuerza de gravedad de los cuerpos celestes, la mezcla de elementos que conforman el aire que respiramos, la altura de las mareas de los océanos, y demás maravillas. La capacidad de adaptación indica un diseño increíblemente complejo que no podría resultar de hechos al azar.

La misma existencia de la humanidad nos hace preguntarnos acerca de nuestros orígenes. Como sucede con el universo, podríamos señalar el arte y la sorprendente complejidad de la mente y el cuerpo humanos. Pero las preguntas deben ir aún más allá de estos hechos para investigar nuestra capacidad moral y espiritual, además de nuestras tendencias. Si no hubiera un grandioso ser creativo, no tendríamos razón alguna para ir en busca de la verdad, la conducta correcta y el servicio hacia los demás. El punto es que tenemos una conciencia que nos motiva a comportarnos de manera diferente de lo que sería la norma, si estuviera ausente la influencia de un Creador moral que nos haya dado estas cualidades.

Lo que Dios nos dice acerca de sí mismo: revelación especial

Para algunas personas, sin embargo, no es suficiente reconocer el arte de un ser profundamente poderoso y creativo. De hecho muchos se niegan a reconocer estos productos como obras extraordinarias, sino que las explican de modo que descarte la existencia de una deidad omnipotente. En términos teológicos, podemos asociar esta "ceguera espiritual" con los efectos del pecado, es decir, la desobediencia y falta de respeto a conciencia, ante un Dios amoroso y santo que inició una relación con la humanidad y luego fue rechazado por quienes Él creó y ama. Pero a causa de sus buenas intenciones para la humanidad, y gracias a su naturaleza amorosa, Dios facilita la continuación de una relación con su creación favorita interrumpiendo personalmente la experiencia humana para dar a conocer su presencia.

Este segundo tipo de revelación, que los teólogos llaman *revelación especial* representa las actividades de Dios que nos brindan acceso personal a Él a través de diversos medios.

Es poco posible que alguien pudiera encontrar a Dios sin estos medios, aunque todos tenemos múltiples puertas de acceso para crear intimidad con Él. Es por medio de esta intimidad altamente personal que cada ser humano tiene la oportunidad de descubrir la existencia de Dios.

¿Cuáles son estos mecanismos por lo que Dios se revela más personalmente? Incluyen eventos en la historia humana que muestran la mano de Dios, como milagros, palabras especiales de profecía ante un público elegido, sueños y visiones, la presencia y relación personal de Dios en la historia humana por medio de la persona de Jesucristo, y las historias, principios y mandamientos registrados para nosotros en la Biblia.

Eventos históricos: durante los últimos cuatro mil años aproximadamente, Dios ha intervenido infinidad de veces en la historia humana. En algunos casos dichas intervenciones atrajeron la atención internacional o han servido como avisos históricos, resultando en conocidas historias de la presencia de Dios. A menudo, se las conoce como milagros: Dios envió plagas sobre Egipto, Moisés partió el Mar Rojo, la virgen María dio a luz a Jesús, la muerte y resurrección de Jesucristo.[3]

Quizá aún más cautivantes sean los centenares y millares de milagros que cada uno de nosotros vive personalmente. Estos pueden incluir salir ilesos de un accidente grave, sanar de una enfermedad mortal luego de la oración intensa de un grupo, recibir los recursos necesarios para continuar justamente cuando ya parecía imposible seguir adelante, y numerosos ejemplos que podemos identificar en nuestras experiencias si dedicamos tiempo a reflexionar en ello.

A menudo tendemos a ignorar, minimizar u olvidar dichos eventos, y los adjudicamos al azar o al resultado de un orden natural. Pero eso, sin embargo, se relaciona con la batalla espiritual que se da dentro y en derredor de cada uno de los discípulos de Dios, como veremos en el capítulo 10. El hecho de que hoy yo escriba este libro es un milagro —no porque escriba un libro, ¡aunque sí podría considerarlo un milagro también!— sino porque sobreviví a un grave accidente automovilístico hace algunos años mientras me dirigía a dar un discurso. Seguramente tendría que haber muerto esa mañana. El automóvil que conducía quedó totalmente destruido; el vehículo que chocó con el mío directamente destruyó la puerta del lado del conductor a unos 60 u 80 kilómetros por hora.

La bolsa de aire de mi automóvil nunca se infló, por lo que mi cabeza rompió el parabrisas antes de rebotar y romper la ventanilla del lado del conductor. El equipo de rescate debió utilizar las "mandíbulas de vida" para poder sacarme del vehículo. Fui llevado al hospital. Luego de que el equipo de emergencias médicas cuidadosamente quitara todas las astillas de vidrio de mi rostro, lo único que necesité fueron unos pocos puntos de sutura y un par de vendas para los raspones. En pocas horas salí del hospital.

Una de las enfermeras me dijo que había "tenido suerte". No hay tal cosa; todo tiene un propósito en el mundo de Dios, y su propósito había sido el de llamar mi atención para utilizarme luego durante un período de tiempo indeterminado en sus propósitos.[4] No hay duda alguna en mi mente, o en la de quienes vieron el accidente, de que recibí un milagro de Dios, un hecho que desafió las leyes de la lógica y la naturaleza para cumplir con el plan de Dios para mi vida y su reino.

Cuando Dios aparece de esta manera, uno no duda de su presencia, pero necesitamos "oídos para oír, y ojos para ver" la realidad de su presencia. En retrospectiva, puedo asegurarle que este evento inusual representa muchos otros más pequeños y quizá menos reconocibles, todas intrusiones de Dios en los eventos "normales" de mi vida.

Palabras especiales: hay al menos tres maneras en las que Dios nos habla en comunicación directa. Probablemente, el medio más común de comunicación directa es la "vocecita calma" con que Dios nos habla, el suave, casi imperceptible codazo al que nos referimos como "la voz de la conciencia". Por medio de esa voz casi inaudible aunque notoria Dios hace que lo conozcamos.[5] La cuestión de elegir escuchar y responder es algo aparte.

A veces nos habla con voz audible en momentos o situaciones especiales.[6] Dicha intervención en las vidas de las personas no tiene como propósito el impacto, sino el llamado de atención en quien estaba distraído. En toda la Biblia encontramos instancias en que Dios les habló desde su trono a distintas personas, y siempre lo notaron.

Finalmente, hay momentos en que Dios se comunica con nosotros por medio de sueños y visiones. El propósito puede ser la advertencia o la guía respecto de algo que está por venir; o instarnos a hablar por Él, como en el caso de las profecías; o para aclarar algo sobre lo que nos sentimos preocupados o confundidos.[7]

Es posible que confundamos un sueño "común" con una visión inspirada por Dios, pero nuestra incapacidad para discernir la diferencia no niega el hecho de que Dios sí interactúa con las personas de esta manera.

Presencia y participación personal: El ejemplo más sublime, por supuesto, de cómo Dios demostró su existencia fue el ministerio terrenal de Jesucristo. Aquí vemos la experiencia fenomenal de Dios de tomar forma humana, habitar el espacio creado para los humanos e interactuar con personas de modo de ayudarles a comprender e interactuar exitosamente con Dios y sus propósitos. El hecho histórico puede ser puesto en duda tal vez por ciertas personas, quizá porque es un acto tan increíble de amor y preocupación de su parte. Pero sucedió, aunque algunos lo duden o nieguen.

¿Cómo sabemos que Jesucristo era realmente Dios, y no otra persona que afirmaba ser divina? Hay diversas posibilidades, según lo describe la Biblia y otros documentos históricos de la época. Primero, Jesús afirmaba ser Dios y su historial de veracidad —las profecías cumplidas y los eventos históricos verificados— su muerte y su resurrección respaldan la veracidad de su afirmación. Segundo, hubo quienes no tenían interés en su divinidad al principio, y luego sintieron la necesidad de proclamarlo Dios; muchos de ellos sufrieron muerte injusta y prematura a causa de su convicción.[8]

Tercero, su capacidad para obrar milagros lo diferencia de cualquier otra persona, y sugiere que había algo sobrenatural en Él.[9] (Hablaremos de la naturaleza de Jesús más adelante).

La Biblia: La Biblia es un documento registrado en representación de Dios por escritores que Él eligió para dicho propósito. Contiene una variedad de tácticas literarias —narrativas, analogías, listas, poesía, discursos motivacionales, prescripciones, reglas, árboles genealógicos, principios, informes de hechos, proverbios y profecías— diseñados para brindar conocimiento acerca de Dios y también conocimiento de Dios. Fue un acto intencional de una deidad que desea ser conocida ante quienes Él creó, al utilizar un formato —la palabra escrita— que es transcultural, perdurable e influyente.

La Biblia refleja la certeza de la existencia de Dios por medio de historias de su intervención en los asuntos de la humanidad; de su guía de los hechos en la historia; la vida de Jesús; y la confianza que las personas han tenido en el contenido de las Escrituras a lo largo de los siglos. Esta confianza se basa en parte en las tradiciones que surgen de las experiencias personales vividas por ciertos individuos junto al Dios viviente.

CONCLUSIONES

Luego de analizar la evidencia descripta, quizá haya personas que se convenzan de que Jesús es Dios, venido a la Tierra para salvar a las personas de sus propias malas elecciones. Llegarán a la conclusión de que hay un Dios poderoso y sorprendente, responsable de todo lo que vemos y vivimos.

Esta misma capacidad de razonamiento, que podría hacer que alguien diera una explicación alternativa de la realidad, apoyaría el discernimiento de la verdad acerca de la existencia de Dios al identificar los hechos relevantes, al analizarlos objetivamente, al interpretar sinceramente la información.

Sin embargo, Dios ha hecho que nos sea aún más fácil conocer su existencia. Nos ha hablado de diversas maneras; nos ha escrito y ha asegurado la supervivencia de estas palabras en contra de todo obstáculo; y hasta se hizo humano para vivir entre nosotros, primero por medio de la persona de Jesucristo y luego por medio de la presencia de su espíritu en quienes lo seguimos.

No encontrará usted un solo factor que sea convincente por sí mismo. Quizá hasta elija negar o rechazar algunas de estas explicaciones sobre la existencia de Dios. Sin embargo, la suma de las diversas explicaciones con rasgos de verdad constituye un cuerpo de evidencia contundente por medio del cual Dios ha elegido revelarse a Sí mismo ante nosotros mientras obra en el marco de sus propósitos y su plan eterno. Finalmente, nuestra decisión respecto de su existencia seguirá siendo cuestión de fe, pero de ningún modo podemos llamarla fe ilógica, infundada o ignorante.

¿Cómo afecta esto su vida?

Supongamos que acepta usted la existencia del Dios bíblico. Aún queda el asunto de la importancia de dicho conocimiento. ¿Qué diferencia marcaría el hecho de que hay una deidad trascendental que creó el universo y todo lo que este contiene, incluyéndolo a usted? ¿Cómo afectaría este conocimiento las decisiones que tome usted hoy?

Lo aliento a pensar en esto. A menos que quiera reflejar las ideas de otros, que pueden o no se coherentes y verdaderas, deberá invertir parte de su capacidad de razonamiento en el tema de la existencia de Dios. Su visión del mundo deberá ser su visión de la realidad, y no el argumento más cómodo o accesible que le ofrezcan otros para que usted consuma.

Sin embargo, para ayudarlo a reflexionar, encontrará seguidamente algunos pensamientos e implicancias relacionadas que quizá le sirvan como bloques para construir su puente entre la fe y su estilo de vida.

¿Podría por favor ponerse de pie el verdadero Dios?

Si Él es Dios, entonces usted no lo es. A veces examinamos el rol de Dios y adjudicamos nuestras responsabilidades específicas según las partes interesadas. *Nos creemos el dios de nuestra propia vida,* y reservamos el rol de *Dios del universo* al único y verdadero Dios.

Pero ¿qué pasaría si verdaderamente creemos que Dios es el Dios de todas las cosas conocidas y desconocidas, la suprema deidad que todo lo controla?

Al hacerlo deberíamos admitir, por supuesto, que no somos dioses de nada. Y esto tiene algunas implicancias importantes, porque insinúa que no estamos en control de nuestra vida, excepto en cuando Él nos confíe el control. Pero a menos que Él nos de autoridad, no la tenemos. Somos responsables de seguir sus instrucciones; Dios no necesita aceptar nuestras decisiones, y ni siquiera permitir que las tomemos. En consecuencia, debemos buscar dirección para nuestra vida en Él, en lugar de tomar decisiones como si fuéramos independientes de su autoridad.

Segundo, podemos esperar las consecuencias de nuestras decisiones aún cuando las tomemos dentro del ejercicio de su autoridad. Sus reglas son las que importan; nuestras preferencias y expectativas, no. Si desafiamos o desobedecemos sus leyes o parámetros, sin duda habrá consecuencias para dichas acciones. Todo esto depende de Él, y no de nosotros.

En tercer lugar, el propósito de nuestras vidas no depende de nosotros. Como creador, Dios determina la razón de nuestra existencia. Puede elegir darnos la oportunidad de decidirlo, pero sin su expreso consentimiento, nuestra vida existe para su propósito. (Exploraremos estos propósitos en los próximos capítulos, a medida que comprendamos más acerca de su naturaleza, sus propósitos y la naturaleza de la humanidad.)

Protegemos nuestros intereses

Si Dios, el Ser superior, sí existe, entonces estaremos protegiendo nuestros intereses si comprendemos más acerca de su naturaleza y propósitos para poder disfrutar de su favor.

Hay solo tres respuestas lógicas a Dios que podemos buscar en la vida. Por cuanto tenemos libertad para seguir cualquiera de estas opciones, podemos elegir vivir desafiando su autoridad, ignorando su autoridad o cumpliendo con su autoridad.

Si Dios es la presencia todopoderosa, omnisciente, justa y equitativa —como veremos en el próximo capítulo— el desafiar su autoridad por cierto resultará en castigo y sufrimiento.[10] El ignorar sus mandamientos y expectativas resultaría también en las mismas consecuencias. El único camino razonable sería vivir de acuerdo a lo que Dios manda. Esta estrategia es la que presenta la mejor probabilidad de producir resultados de vida positivos para nosotros.

Lo que el proceso nos dice

Pensemos en la naturaleza de algo que crea. Siempre hay una relación entre el creador y el objeto creado. Los padres mantienen un vínculo estratégico con sus hijos, esperan moldearlos a medida que crecen. El autor es responsable del contenido de su historia. El chef se hace conocido por las comidas que prepara. En todos los caminos de la existencia, los seres vivientes que crean algo siguen teniendo relación y responsabilidad sobre lo que han creado. Esto nos lleva a tomar en cuenta la naturaleza de la relación del Dios Creador con cada uno de nosotros, como productos de su creación. ¿Cuál es su responsabilidad respecto de la humanidad? ¿Cuál es la naturaleza de la relación que existe, o puede existir, o quizá debiera existir, entre Dios y las personas? Para responder a estas preguntas, debemos indagar más profundamente en el carácter y los propósitos del Creador, del mismo modo en que un niño entiende mejor las razones de la disciplina y los esfuerzos por desarrollar habilidades específicas, al comprender qué es lo que motiva y dirige a sus padres. (En el siguiente capítulo, estudiaremos temas en relación a la esencia de Dios y el modo en que esto afecta nuestra identidad y el por qué de nuestra vida.)

La carga es nuestra

¿No es interesante que Quien pudo crear todo lo que nos rodea —obviamente un Ser potente e inteligente— intencionalmente no haya brindado una "prueba irrefutable" de su existencia, al menos en términos de los parámetros humanos? ¿No da lugar esto a la pregunta de qué es lo que quiere Él en este eterno episodio de un juego a las escondidas en términos de espiritualidad?

Quizá sea esta una táctica diseñada para facilitar una relación más significativa con nosotros. Dios creó todo lo que existe, incluyendo a seres inteligentes —es decir, humanos— con quienes tiene una relación. Pero no sería una relación si Él nos obligara a tenerla. Por lo tanto, Él espera a ver qué haremos nosotros. Si lo buscamos, Él está dispuesto —y aún deseoso— de que lo encontremos, para revelarse a Sí mismo aún más ante nosotros. Si elegimos no buscarlo, sino concentrarnos en nosotros mismos y en la relación con otras criaturas, Él permite esta conducta, a pesar de que, por supuesto, toda elección tenga sus consecuencias. Como descubriremos en el capítulo 7, si nuestro objetivo principal en la vida es el de conocer verdaderamente a Dios y hacer que otros lo conozcan, debemos invertir tiempo y energía en promover esta relación de Creador-criatura, al buscar más revelación, sabiduría e interacción.

El hecho mismo de que Él haya hecho tanto por comunicar —si no para "probar"— su existencia, indica que el contenido de sus comunicados es importante. Esto nos lleva a preguntas adicionales.

Si sus mensajes, emitidos por medios directos o indirectos, tienen importancia, entonces ¿cuán seriamente los recibimos, los interpretamos y respondemos a ellos? ¿Cuán a menudo nos dedicamos a la comunicación de monólogos, en que reconocemos a Dios el comunicador y reconocemos que Él tiene algo para decir, pero desechamos la sustancia de la comunicación porque tenemos otras prioridades? ¿Hasta dónde reconocemos el hecho de que cuando dejamos de escuchar a Aquel que nos habla directamente rompemos la relación e buscamos consecuencias diferentes, como resultado de nuestro desinterés en lo que Él tiene para decir? ¿Estamos dispuestos a pagar el precio de tal ambivalencia con el Dios viviente?

La fragilidad de las visiones alternativas

La evidencia inicial de su existencia revela que Él no es, como afirman los deístas, un creador desapasionado que creó el universo y luego desapareció en busca de nuevos emprendimiento. La aparición de Dios mismo en la Tierra, en la persona de Jesucristo, es evidencia tangible no solo de la existencia de Dios, sino también del valor que Él nos adjudica, a nosotros y a nuestras acciones. La naturaleza de la vida de Jesús en la Tierra revela que a Dios le importa nuestra existencia, y que quiere participar en nuestras vidas. Esta no es la conducta de una deidad "toco-y-me-voy". De hecho, lo vasto y variado de la autorevelación de Dios, en combinación con su preocupación por nosotros, echa por tierra la teoría de una deidad que ha perdido interés en su creación.

La evidencia acumulada sobre la existencia de Dios también rechaza las visiones ateístas: naturalismo, nihilismo, existencialismo y postmodernismo. Si bien cada uno de estos sistemas de creencia resulta atractivo y contiene cierta verdad —¿y mucha mentira?— ninguna puede considerarse útil como lente para ver el mundo, porque todas se basan en la premisa de que Dios no existe. Un mal cimiento como premisa trae aparejado el colapso de la estructura construida sobre este.

EL PASO QUE SIGUE

Estas no son las únicas proposiciones que fluyen de un entendimiento de que Dios existe, pero sí son perspectivas importantes que nos llevan a establecer un cimiento sólido para una visión del mundo auténticamente cristiana. Si llega usted a la conclusión de que Dios sí existe, entonces debe pasar a la siguiente pregunta, por lógica, en nuestro grupo de siete: ¿Cuál es la naturaleza y el carácter de Dios? De esto, precisamente, trataremos en el próximo capítulo.

Cinco

Pregunta 2: ¿Cuál es el carácter y la naturaleza de Dios?

Dé un paseo por el ala de maternidad en un hospital. No necesita conocer a los padres —futuros o recientes— que caminan por los pasillos. Solo vean cómo responden ante el bebé que han creado. Hay un sentimiento de maravilla, amor y ternura en las palabras y el modo de actuar de estos padres. A menudo expresarán lo sorprendente y maravilloso que es su bebé, la nueva vida que han traído al mundo.

Pero hay algo mucho más profundo que la mera expresión de la maravilla o el orgullo. El ver al niño por primera vez se enciende o reenciende su sentido de la responsabilidad y compromiso hacia el ser que ha nacido. Su relación con el niño determinará en mucho la capacidad de esta nueva persona para sobreponerse a la ignorancia o la confusión en lo que se refiere a vivir una vida plena y con sentido. El acto de crear algo —especialmente un ser viviente— conlleva responsabilidades que no pueden ignorarse.

La imagen de un recién nacido totalmente dependiente de sus padres es similar al vínculo que hay entre Dios y nosotros. Si descubrimos más acerca de la naturaleza de nuestro Creador podremos entender mejor las complejidades de la vida en este mundo y el siguiente.

Uno de los versículos centrales en las Escrituras habla del interés personal de Dios en nuestras vidas. En el relato de la creación de Génesis, descubrimos que Dios intencionalmente nos diseñó a su imagen y semejanza —lo cual no habla del físico sino del intelecto, la moral y el espíritu— para facilitar el tipo de existencia e interacción que resultarían de una relación eterna y mutuamente satisfactoria.[1] Por cierto, como Creador de todas las cosas, Dios podría haber ideado un diseño diferente para nosotros, pero no lo hizo. Porque su deseo primario para nosotros fue el de una relación saludable con Él; Dios nos hizo con características que no le dio a ningún otro elemento en su creación. Esto tiene implicancias importantes acerca de quiénes somos, por qué existimos y cómo debiéramos vivir.

Para poder percibir con exactitud el mundo y nuestro lugar en este, debemos comprender más acerca de Dios. En el capítulo anterior establecimos que Él existe. Ahora necesitamos aprender qué tipo de Dios es Él.

Para responder a esto, nuevamente volveremos a la fuente de revelación sobre Dios, la más abarcativa y confiable: la Biblia. Hay cientos de pasajes que nos brindan pistas sobre la naturaleza de la deidad invisible, eterna. Estas cualidades pueden entenderse mejor si las consideramos en tres categorías. Veremos su esencia, su grandeza y su bondad.

LA ESENCIA DE DIOS

Hay dos dimensiones primarias en la esencia de Dios. Primero, saber que Él es de naturaleza espiritual.[2] Es real, pero de modo que no podemos llegar a comprender porque su ser es muy distinto del nuestro. Dios no está compuesto de materia tangible, aunque tiene la capacidad de tomar forma humana, como lo prueba la vida de Jesús —hablaremos más de esto más adelante—. No se conforma a las limitaciones y leyes que gobiernan nuestra existencia, en parte porque Él es espíritu. Cuando intentamos comprender a Dios, no podemos comprender del todo su realidad, porque es tan único y diferente de la realidad que vivimos.

Pero no nos equivoquemos: Dios vive. Y esta es la segunda dimensión de su esencia. El Dios de las Escrituras ha sido, es, y siempre será. Afirmó su vida por medio del nombre que eligió para su identidad: YO SOY.[3] Toma parte activa en la historia del universo que Él creó. No es solamente el dador de vida, sino que es la vida misma.

A lo largo del Antiguo Testamento encontramos historias de Dios y de los profetas, criticando los ídolos de los no creyentes y castigando a las personas por adorar objetos hechos por el hombre, que no tienen vida, poder ni carácter. De hecho, la Biblia revela que Dios no depende de nada para vivir. Tiene vida por su propio poder. Nuevamente, la misma esencia de Dios es tan diferente de la nuestra que nos cuesta comprender su ser. Y nuevamente, el hecho de que Él vive, debiera afectar dramáticamente nuestra visión del mundo.

¿Por qué importa la esencia de Dios?

Durante décadas, en los remotos rincones de mi mente, supe que Dios era un ser viviente, un espíritu. Y durante ese tiempo, esto no significaba demasiado para mí: "Claro, Él es diferente", era todo lo que sabía sobre el tema. Basándome en conversaciones con personas durante estos últimos tres años, sé que muchos otros han llegado inconscientemente a la misma, ambigua, conclusión.

¿Qué importa que Dios sea espiritual y que esté vivo, en lo que se refiere a nuestras vidas? Dado que Él existe y ha creado todo lo que existe, su presencia continua entre nosotros exige que respondamos a su existencia de manera significativa. Del mismo modo en que nos vemos afectados en cierta medida por todo lo que nos rodea, la existencia de Dios también impacta sobre nosotros. Las personas o instituciones, como nuestro jefe, el pastor, el líder del grupo, la familia, la policía o el gobierno, influyen en nuestros pensamientos, dichos y acciones, aún cuando nuestras reacciones sean tan automáticas que ni siquiera sepamos o nos demos cuenta de que nos conformamos a ellas. Nuestra respuesta a dichas influencias da forma a nuestras vidas. ¿Cómo elegimos responder ante la existencia de Dios? Esto también da dirección a la naturaleza de nuestra vida.

Y no nos equivoquemos: sí respondemos a la existencia de Dios, de una y otra manera, consciente o inconscientemente, con intención o sin ella. Toda decisión o elección se ve impactada por la percepción que tengamos acerca de quién es Dios.

Quizá esto le parezca raro o inexacto. En ese caso, hay posibilidades de que reconozca usted que no puede responder a un espíritu del mismo modo en que responde a su familia, a sus amigos, a sus maestros, o incluso a su mascota. Como vivimos en un mundo en el que lo tangible es lo que capta nuestra atención, debemos reorientarnos a propósito para responder con significado a lo intangible. Es decir, debemos reentrenarnos para tratar con alguien a quien no podemos ver, oír o tocar, con la misma determinación con que responderíamos ante alguien que está parado frente a nosotros.

Esta es una de las razones por las que hay una división en la Iglesia Cristiana, entre quienes son "carismáticos" y quienes no lo son. Ambos grupos creen en Dios, pero tienen diferentes modos de vivir, comprender y responder ante el Dios viviente que se presenta ante nosotros de modo diferente al que tenemos por habitual.

Pensemos en la situación de un adulto que sufre un serio accidente y pierde la vista o el oído. Esa persona sigue viviendo en el mismo mundo, pero debe descubrir nuevas formas de reunir, interpretar y reaccionar ante una información. Del mismo modo, debemos aprender a filtrar nuestras decisiones de vida a través del lente del Dios invisible, pero que existe.

Para muchos de nosotros, el proceso de desarrollo de esta lente, es confuso y presenta un desafío. Prestar atención a Alguien con quien no podemos comunicarnos parece algo absurdo, muy extraño. Sin embargo, sin importar cuán incómodos nos sintamos ante este desafío, la realidad sigue siendo la misma: Dios vive, y busca interactuar con nosotros, y depende de nosotros y no de Él, que queramos explotar esta oportunidad, o no. Él nos ha creado con la capacidad de sentir su presencia, de comunicarnos con Él, de amarlo y ser amado por Él y de disfrutar que seamos parte de su vida. Pero todo esto requiere de nuestra acción. La pelota está en nuestro campo de juego.

LA GRANDEZA DE DIOS

Cuando pensamos en grandeza, quizá pensemos en la más grande, la mejor, la más inusual, la más efectiva y compleja que pueda vivir un ser humano. Quizá pensemos en la imágenes de Michael Jordan, con sus sorprendentes hazañas en la cancha de basketball, o en Wolfgang Mozart, escribiendo obras maestras antes de llegar a la adolescencia, en Billy Graham, que llegó a millones de personas de todo el mundo con el Evangelio de Jesucristo, en Cristian Barnard, que logró hacer el primer transplante de corazón con éxito, o en la

Madre Teresa, que abandonó las riquezas del mundo para servir a los más pobres de entre los pobres.

Pero aún el logro y la capacidad más grande del ser humano empalidece en comparación con la grandeza de Dios. Hasta un breve vistazo de las cualidades que reflejan su grandeza, muestra que no tenemos nada siquiera remotamente comparable con lo que Él es. Su grandeza sobrepasa en mucho cualquier cosa que hayamos visto o vivido. Literalmente, se nos aparece como un héroe, un ser con cualidades tan puras y exageradas que es difícil para nosotros llegar a formar una imagen de su grandeza.

Aspectos de la grandeza de Dios

Pensemos en algunos aspectos importantes de su grandeza, relacionados con el conocimiento, el poder, la presencia y la personalidad.

Él sabe todo lo que ha pasado y lo que pasará. No quiero faltar el respeto, pero Dios es literalmente el gran sabelotodo cósmico. Y esto no debe sorprendernos, ya que Él lo creó todo y ha dado vida y propósito a todo —lo que trataremos en el próximo capítulo—. La Biblia nos dice que no hay nada que suceda que Él no sepa ya, nada que Él no pueda ver o entender, ni nada que Él no conozca, históricamente, en el presente o en el futuro.[4]

El conocimiento completo de Dios no es simplemente una vasta base de datos o información. Su conocimiento está afectado por la sabiduría total: la inteligencia y discernimiento que se requieren para interpretar y aplicar esta información de modo perfecto. El alcance de su entendimiento excede en mucho cualquier cosa que podamos haber fabricado combinando lo mejor del esfuerzo, la ciencia y la tecnología humanos. La sabiduría de Dios se describe en las Escrituras como dadora de vida, de entendimiento, justa, correcta, eternal, sin igual y exclusiva de Dios.[5] También es accesible a quienes la buscan, y a quienes Dios elige para dárselas.[6]

Tiene poder y autoridad sin igual. Dios tiene poder y autoridad inimaginables sobre todo lo creado. Lo que nosotros llamamos milagros son demostraciones de la capacidad de Dios para cambiar las leyes de la realidad. Él puede controlar el clima, la naturaleza y destino de la vida de una persona, con la misma facilidad.[7]

Es interesante, empero, saber que el poder y la autoridad de Dios no son ilimitados; esta idea puede parecer blasfema a algunas personas, pero es razonable, basada en lo que Dios revela sobre Sí mismo en la Biblia. Por ejemplo, Él no tiene el poder de hacer cosas que contradigan su naturaleza, digamos, pecar, porque esto contradiría su santidad; o mentir, porque contradiría su integridad. Y aunque Él es Señor de la historia, no puede cambiar lo que ya ha sucedido. Como es el eterno que siempre fue, es y será, no puede morir. No puede dejar de ser Dios. Pero estas "limitaciones" no son discapacidades o debilidades. Meramente enfatizan la perfección, consistencia, coherencia, confiabilidad y unidad de su carácter y capacidades.

Está donde quiera estar, o donde necesite estar, toda vez que lo desee. Como criaturas limitadas por el tiempo y el espacio, luchamos con la idea de que Dios pueda estar en cualquier parte o en todas partes, simultáneamente y sin esfuerzo. Sin embargo este es uno de los aspectos de su naturaleza que más nos intrigan. Los teólogos a veces se refieren a esto como la cualidad de la omnipresencia o "infinitud": sin límites, ni parámetros que rijan su presencia. A diferencia de nosotros, Dios puede estar en múltiples lugares al mismo tiempo; esto es atribuible a la naturaleza de su espíritu y su autoridad por sobre todo lo que Él ha creado —incluyendo el tiempo y el espacio—. Él existió antes de que creara el tiempo, y por ello, trasciende al tiempo. Estaba allí antes que todo lo demás, y por eso trasciende al universo tangible.[8] Sin embargo, dondequiera que Él esté presente, no ocupa espacio porque es espiritual, y no físico. Su presencia es sorprendente. No hay lugar donde podamos escondernos de Él ni tiempo donde nos alejamos de Él, y aún así nunca sentimos claustrofobia en su presencia.

Dios es persona: de hecho, es "tripersonal". La Biblia describe a Dios como un ser representado en tres únicas pero indivisibles personas. Este concepto, conocido como la Trinidad, y entre los teólogos como el Dios tripersonal o triúnico, nuevamente señala la naturaleza espiritual de Dios. No hay ser físico que pueda ser al mismo tiempo tres unidades separadas pero unidas. Las tres representaciones de Dios, que conocemos como Dios Padre, Dios Hijo —es decir, Jesucristo— y Dios Espíritu Santo, poseen todos los atributos naturales, morales y esenciales de la deidad espiritual total que conocemos por el nombre de Dios.[9] No es que sean tres dioses diferentes unidos, sino una deidad unificada cuya plenitud puede entenderse mejor en sus tres personalidades distintas.

Este Ser triúnico tiene características de personalidad que podemos identificar y con las que podemos relacionarnos. Por ejemplo, en la Biblia vemos que Dios utiliza un nombre que eligió para Sí mismo, y nos da una identidad elegida con propósito.[10] Leemos las Escrituras y encontramos a Dios interactuando directamente con personas: Adán y Eva, Moisés, Noé, Abraham, los profetas, Pablo, Juan... lo cual indica su naturaleza relacional. Descubrimos que tiene Dios emociones relacionadas con su interacción con las personas: ira, celos, amor, compasión, pena y odio.[11] El Dios de Israel no es meramente una masa sin cuerpo, una materia espiritual que existe en lugares a los que no podemos acceder, con atributos que no podemos comprender. Este Dios nos hizo a su imagen, y retiene las cualidades que se necesitan para que lo conozcamos de manera personal e íntima.

La Trinidad es una de esas facetas del mundo espiritual que sigue siendo un misterio que nos deja perplejos. Hacemos nuestro mejor esfuerzo por comprender esta compleja naturaleza de Dios, pero luchamos para entenderla, no porque no pueda ser real, sino a causa de las barreras intelectuales que creamos.

Por qué importa la grandeza de Dios

Al ser creados a imagen y semejanza de Dios, tenemos pistas importantes que nos indican cómo vivir. Y más que eso, el hecho de que Dios nos haya dado características que Él adoptó para Sí mismo, debiera ser un punto de aliento para nosotros: debemos importarle, ya que eligió darnos una medida de sus características principales. El poseer estos atributos también implica que tenemos gran potencial innato.

Cuando nos damos cuenta de que Dios tiene poder, autoridad, conocimiento, sabiduría, presencia y personalidad en mayor medida de la que podemos entender, esto también se presenta desde la perspectiva de nuestro autointerés. Por ejemplo, ¡vemos que todos estos atributos y sus efectos están a nuestra disposición! Aquí se aplicaría el dicho: *No puedes dar de lo que no tienes*, y su corolario: *no puedes recibir lo que otro no tiene para dar*. Después de todo, Él pudo darle sorprendente sabiduría a Salomón, solo porque la tenía para darla, y decidió hacerlo. Puso gobiernos en posiciones de poder porque su autoridad se lo permite. Nos da entendimiento cuando le complace hacerlo, porque tiene el poder de abrir nuestras mentes y corazones para comprender verdades y posibilidades que antes no reconocíamos. Se acerca a nosotros para consolarnos o guiarnos porque Él lo sabe todo, y está presente en cualquier lugar y tiempo según su deseo.

Su omnipresencia sugiere que Dios está continuamente al tanto de nuestra condición y que está allí, disponible para nosotros, si elegimos aceptar dicho acceso. Podemos también sentirnos seguros, sabiendo que lo que Él ha prometido, se cumplirá. Él tiene el poder de hacer lo que ofrece, la sabiduría de hacerlo del modo más adecuado y la presencia para entregárnoslo.

Todos los días respondemos a consignas que nos dan los líderes, personas que ven más allá del momento, hacia un futuro mejor, y que actúan para que esta existencia superior se produzca. Si estamos dispuestos a aceptar las directivas de estos líderes falibles y limitados, entonces ¡piense usted en la capacidad de liderazgo de Dios! Él imagina y determina todo resultado futuro, y es el visionario por supremacía. Monitorea y administra toda la realidad, y nada sucede sin que Él lo sepa y dé su permiso, porque Él es el supremo facilitador de resultados. Aún con nuestra sabiduría limitada podemos ver que es inteligente y valioso honrarlo y obedecer sus mandamientos. Él, y solamente Él es quien está al mando en nuestras vidas.

Pero todas estas lecciones deben ubicarse en el contexto de su naturaleza relacional. Si Dios quiere interactuar con nosotros, como parece —ver más sobre esto en el capítulo 7— entonces debemos responder a quién Él es. Así como tratamos a personas de grandeza o alta posición —presidentes, líderes militares, por ejemplo— debemos hacerlo con Dios, ¡y aún más que eso! Si reconocemos la sustancia de su grandeza es porque Él ha permitido que comprendamos estas cualidades, y que en algunos casos las poseamos en grado moderado. Por cierto, un ser de su magnitud y naturaleza merece nuestra mayor atención, temor, respeto y obediencia.

LA BONDAD DE DIOS

¡Cuán afortunados somos al tener un Dios que no nos creó para que fuéramos sus juguetes o marionetas personales! Podemos entender mejor esto al explorar sus atributos morales, aquello que retrata su bondad. Estos factores incluyen su santidad, amorosa naturaleza, fidelidad, rectitud y confiabilidad.

Aspectos de la bondad de Dios

Dios es santo. Solo Dios es moralmente puro, despojado de pecado y malas intenciones, por completo.[12] Como la conducta surge de la esencia moral de cada uno, las acciones y elecciones de Dios siempre son correctas, apropiadas y perfectas. Y a causa de su pureza, Dios no puede ser tentado por el mal. Un importante ejemplo de esto es el inamovible rechazo de parte de Jesús frente a todas las mejores ofertas que le hizo Satanás.[13] Recordemos que las mejores ofertas de Satanás son una broma para Dios, porque todo lo que Satanás posee le ha sido otorgado por Dios. Si Dios realmente quisiera algo, lo tomaría, porque tiene el poder y la autoridad de gobernar sobre todo lo que ha creado. Pero no minimicemos la importancia y realidad de las tentaciones de Satanás. También prueban la santidad de Dios: sin tentaciones, uno no puede pecar o ser impuro. Solo a través de sus perfectas elecciones demostró Jesús que Dios, que es consistente y coherente, es siempre santo.

La santidad de Dios muestra que Él es completamente perfecto y virtuoso. Técnicamente, la palabra "santo" significa "perfecto, libre de pecado". Dios es profundamente perfecto, libre de pecado, santo. De hecho, Dios nos llama a "ser santos porque Yo soy santo".[14] Ese es el modelo que da Aquel que nos creó a su imagen, para imitar dicha esencia. Pero su naturaleza santa también significa que no puede tolerar la presencia de pecado o maldad, una advertencia impactante, en lo que se refiere a nuestras elecciones.

Dios siempre muestra amor. Esta es por cierto una de las cualidades mejor conocida y más importante de Dios por su impacto sobre nosotros. El apóstol Juan, que recibiera el afecto de Jesús, fue inspirado a escribir del corazón revelado del Señor[15] que "Dios es amor". A causa de que la naturaleza de Dios es el amor, es natural que la Biblia a menudo indique cuánto nos ama Dios. ¿Qué otro impulso podría superar a este, sin justa causa?

Dios mostró su inmenso amor por las personas desde el mismo comienzo de la existencia humana, al darnos el paraíso, y explicar las reglas básicas para ungir reyes para su pueblo, y mantener sus promesas con seguidores que permanentemente rompían las propias. El acto definitorio de amor, sin embargo, fue cuando Dios mandó a Jesús a la Tierra como sacrificio por pecados por lo que Él no era responsable, por el bien de personas que no merecían tal amor. ¿Qué mayor amor puede haber que el de dar la vida por quienes no merecen tal sacrificio?[16]

En términos prácticos, sentimos el amor de Dios de cinco maneras: mediante su afecto, benevolencia, perdón y aceptación, paciencia y suavidad.

Primero, Él nos muestra *afecto* inmerecido, sin límites. Nos ama por lo que somos, y no por lo que hacemos. Segundo, su amor se manifiesta por medio de actos de *benevolencia*, como el cuidado y la protección. Conoce nuestras necesidades, y por lo tanto cuida nuestros intereses mejor de lo que lo hacemos nosotros, con amor desinteresado. Tercero, el amor de Dios es especial porque nos da *perdón* y *aceptación*. Esto lo sentimos como gracia y misericordia, que no merecemos pero necesitamos desesperadamente. Cuarto, la *paciencia* de Dios hacia nosotros representa una forma de amor por medio de la perseverancia y el soportar que no lleguemos a comprenderle. Y finalmente, su amor se caracteriza por la *suavidad*. Es un amor que no obliga, no exige, sino que consuela y agrada.

Dios es fiel. El hecho de que Dios muestre ser honesto, leal e inequívocamente confiable es verdaderamente una maravilla. No es de extrañar que David, quien tenía una relación tan estrecha con Dios como ningún otro ser humano que sepamos, preguntó al Señor: *"¿Qué es el hombre, para que tengas de él memoria, y el hijo del hombre, para que lo visites?"*.[17] La fidelidad de Dios no falla en su consistencia y disponibilidad, no depende de nuestra conducta o emociones, porque es una cualidad inherente y estable en Dios.

Sentimos su fidelidad cada vez que Él cumple sus promesas, invariablemente, sin importar las condiciones. Sentimos su fidelidad a través de su "adhesión", es decir, que Él jamás nos abandona, aunque nosotros mismos nos abandonemos. Sentimos su fidelidad por medio de la confianza que podemos tener en Él, respecto de que siempre hará lo correcto y lo que más nos ayude. Podemos confiar y saber que si hemos establecido una relación con Él, Él será el amigo más confiable que podamos tener.

Dios siempre tiene razón y hace lo correcto. La Biblia indica que Dios es recto.[18] En nuestra cultura, el término "recto" tiene varias connotaciones, una de las más negativas es la que nos hace pensar en quienes siempre creen que tienen razón. De hecho, el único ser viviente que pueda justificar que siempre tiene razón es Dios mismo. Y esto es porque Él es el único ser cuya naturaleza se caracteriza por el conocimiento perfecto, el deseo y la acción de ser absolutamente coherente con las leyes del universo.

La rectitud no es solo saber lo que está bien, sino actuar siguiendo ese conocimiento. La omnisciencia de Dios le da conocimiento perfecto de lo que está bien, y Él tiene el poder de hacer lo que está bien, pero también tiene que tener la voluntad de combinar este conocimiento y poder con la acción. Es esta armonía de sabiduría, capacidad y conducta lo que permite que la Biblia declare: *"Justo es Jehová en todos sus caminos, y misericordioso en todas sus obras".*[19]

Dios es completamente confiable. En el mejor de los sentidos, Dios es predecible en sus modos. Se revela lo suficiente como para que sepamos quién es, y cuál es su esencia, y es inmutable en sus convicciones morales, parámetros y respuestas.[20] Una vez que llegamos a discernir qué es lo que Dios piensa, espera y hace, podemos contar con que permanecerá inmutable mientras vivamos. Él es, en otras palabras, perfectamente confiable, alguien de quien podemos depender invariablemente.

Dios no cambia su carácter, ni el modo en que sentimos la esencia de su carácter. Está activo en nuestras vidas y en el mundo, pero podemos saber con absoluta certeza que su naturaleza personal y su esperanza para nosotros jamás cambiará. Como lo expresó el escritor de la carta a los Hebreos, las cualidades esenciales de Dios son *"el mismo ayer, y hoy, y por los siglos".*[21]

¿Por qué importa la bondad de Dios?

¿Va entendiendo mejor lo espectacular, único y sorprendente que es Dios? El hecho de que Él, y solo Él sea santo, debiera afectar significativamente el modo en que establecemos y mantenemos una relación con Él. ¡Qué privilegio es conocer y ser conocido por un ser como Él! ¡Qué reverencia, temor y gratitud debiéramos manifestar en nuestra interacción con Él!

Es un amigo amoroso y leal, sí, pero un amigo que merece y requiere una relación completamente diferente. Jamás será un amigo que permanece meramente en nuestro nivel. Como veremos más adelante, tenemos la capacidad de conectarnos con Dios, únicamente mediante la restauración espiritual que recibimos por medio de la muerte y resurrección de Jesucristo, y el poder de trascender a la tentación y el pecado que nos brinda el Espíritu Santo.

De otro modo, Dios no toleraría nuestras tendencias hacia el pecado. Mi observación es que pocos reconocemos la importancia de su santidad. De hecho, su amor no puede experimentarse plenamente sin la presencia de Jesucristo en nuestra vida. Para recibir amor, debemos ser queribles. Ante un Dios verdadero, santo y justo, no somos merecedores de su amor, sino hasta que Jesús nos protege de la justicia y el castigo de Dios, y nos brinda un medio para acceder a la aceptación y el amor de Dios.

¿POR QUÉ DEBIERA IMPORTARNOS?

Aquí nuestra discusión no es una enumeración académica de la naturaleza de Dios, o los beneficios que esto pudiera representar para nosotros. Dios es el modelo de rol. Debemos entonces examinarnos a nosotros mismos para determinar de qué modo podemos parecernos a aquel a cuya imagen y semejanza fuimos creados para reflejar esa imagen. ¿Permitimos que Dios obre dentro de nosotros para que nuestros pensamientos, palabras y acciones sean cada vez más puros? ¿Estamos creciendo y compartiendo el mismo tipo de amor polifacético que Dios derrama sobre nosotros? ¿Nos comportamos de modo de reflejar la verdad, la justicia y la confiabilidad?

Saber estas cosas acerca de Dios es personalmente inquietante, porque significa que sabemos cuán lejos estoy de Él en mis débiles intentos por ser una "buena persona". ¿Puedo esperar ser perfecto y absolutamente similar a Dios? Claro que no. Pero si reflexionamos en su carácter, sentimos un terremoto de 8.2 en la escala de Richter —¡recuerde que estoy escribiendo en California del Sur!—. Si voy a ser seguidor e imitador de Dios, debo ser tan completamente diferente de lo que veo hoy en el mundo, que solo puedo tener la seguridad de que todos me malinterpretarán, con excepción quizá, de los otros creyentes que van en un viaje paralelo de fe y práctica. En consecuencia, será mejor que me acostumbre a recibir consuelo y autoestima de Dios, y no de otras fuentes en el mundo.

Mientras busco reflejar las características divinas, debo recordar que es Él quien establece los parámetros. *No importa ser mejor que los demás.* El reunir y escupir conocimientos no tiene importancia alguna, sin la aplicación personal. El tener la capacidad de bendecir a Dios y a otras personas y no hacerlo, desafía al modelo establecido por Dios. La simple realidad es que soy capaz de bendecir a Dios, y esto me sacude, y debiera cambiar mi vida de modo tal que me resulte casi imposible llegar a comprenderlo. Sí sé que no llego a cumplirlo.

Pero cuando comprendemos el carácter de Dios, no estaremos simplemente culpándonos por nuestras falencias o debilidades. Por el contrario, la comprensión de su naturaleza debiera ayudarnos a mejorar por medio de nuestra agradecida aceptación de su amor, y de un intenso compromiso de ser cada vez más parecidos a este maravilloso Dios a quien conocemos, amamos y servimos. Nos ayudará a comprender el propósito de la disciplina y el sufrimiento, que son medios para un mejor final, provistos por una deidad que no está solo allí parado, esperándonos, sino que hace todo lo posible por ayudarnos en nuestro viaje de crecimiento.

LA IMAGEN COMPLETA

Cuando uno piensa en alguien a quien ha conocido, por lo general saca conclusiones por medio de la recolección de datos, la organización de hechos, su análisis y luego una serie de interpretaciones, ¿verdad? Probablemente no sea así, pero ¡le aseguro que al pensar en la naturaleza de Dios sí lo hacemos! Sin embargo, nuestras mentes finitas ceden antes el esfuerzo de intentar captar un perfil exacto del Creador. De hecho, no hemos terminado de nombrar todos los atributos de Dios en este capítulo; la Biblia identifica más, aunque los incluidos aquí son suficientes para lo que intento mostrar.

Sobrecogidos por la riqueza y magnitud de su ser, identificamos y categorizamos sus características, y las interpretamos como si fueran independientes entre sí. Este es un mecanismo que nos ayuda en nuestra limitada inteligencia, a entender algo que es casi —y a veces, completamente— incomprensible para nuestra capacidad de entendimiento.

Este análisis no le hace justicia a la magnificencia de Dios. Dichos atributos existen en total interdependencia. Se revelan y apoyan unos a otros para constituir la grandiosa esencia de Dios. Un verdadero retrato de Dios simultáneamente presentaría la robustez del poder y la autoridad absolutos, del conocimiento ilimitado, de la presencia invisible y sin espacio ni tiempo, de los motivos y conducta puros, del amor infinito, de la plena integridad, de la inexhaustible confiabilidad y de la fidelidad sin igual. Cada una de estas cualidades se entrelaza con las demás, y les es orgánica.

Al pensar en esto, nuestros circuitos mentales se sobrecargan y no llegan a entenderlo. Antes de ceder ante el esfuerzo de dilucidarlo, intentamos imaginar las cualidades en un paquete indescriptiblemente, inimaginablemente perfecto, y entonces concluimos: "Es demasiado bueno para ser verdad".

Y ese es el punto. Él es demasiado bueno para ser cierto, si lo inventamos. Pero este Dios —nuestro Dios— sí existe. Y nosotros somos un elemento importante en su existencia.

Cuando utilizamos una expresión como "demasiado bueno para ser verdad" expresamos tanto escepticismo como esperanza. Escepticismo porque exista una combinación tan maravillosa, y esperanza en que si sí existe, podamos participar de alguna manera en esta. Como hemos tratado la evidencia de la existencia y el carácter de Dios, deseo haber desafiado —si no eliminado— todo rastro de escepticismo que pudiera tener usted acerca de Dios. Sin dichas ansiedades, es tiempo de actuar sobre su esperanza en que esta deidad lo conozca y lo ame. La Biblia confirma que Él nos conoce y nos ama.

Lo único que falta es que sintamos intimidad con este increíble Dios.

Seis

❧

Pregunta 3:
¿Cómo y por qué fue creado
el universo?

¿De dónde viene todo lo que vemos y sentimos? El modo en que respondamos a esta pregunta, y a otras relacionadas, afectará la construcción de nuestra visión del mundo. Obviamente, es este un tema de gran importancia. Lo que creemos acerca del comienzo y continuidad del mundo físico afecta todo lo que hacemos, incluso nuestro entendimiento de lo que es el pecado, el perdón, la verdad y la moralidad, la veracidad de las Escrituras y los propósitos y resultados de la humanidad.

No es de sorprender que haya múltiples perspectivas sobre el tema. Muchas personas sostienen la interpretación tradicional del relato de la creación del Génesis; otros se han convencido de la teoría darviniana sobre la evolución. Otros aún sugieren que una cantidad de deidades crearon el mundo conocido, ¡y hay también quienes creen que el universo en realidad no existe!

Para poder estudiar este tema más profundamente, veamos tres preguntas fundamentales.

Primero, ¿*cómo* se creó el universo? Es decir, ¿quién o qué fue responsable de que surgiera el universo, y mediante que medios? Segundo ¿*por qué* se creó el universo? Y finalmente ¿*de qué manera* nos afecta esto?

EL ORIGEN DEL UNIVERSO

Todo lo creado tiene un comienzo, un momento de creación.[1] El universo en el que vivimos es una realidad creada. ¿Cómo fue creado? Por obra de Dios, que siempre ha existido y tiene el poder de hacer que exista.

¿Cómo creó Dios al mundo? Su aspecto fue producto de su voluntad, de su poder y de sus palabras. Leamos el relato de la creación en los primeros dos capítulos de la Biblia, y experimentemos la maravilla del genio creativo que está tras la concepción del universo.[2] Si podemos tomar distancia de las enseñanzas tradicionales e interpretaciones del episodio como para verlo con ojos nuevos, podemos sentir que Dios habrá sentido placer al experimentar con su capacidad creativa. Piense en las personas del "tipo creativo" que conoce usted, tan inmersas en sus impulsos de creación y de sus capacidades, que viven con gozo y excitación cada vez que ejercitan este don.

Así como el alfarero comienza con una masa informe de arcilla, Dios comenzó por crear algo interesante. Creó el universo. ¿Cómo? Tenía una idea, y con su voluntad hizo que existiera, lo cual —por supuesto— puede hacer porque Él es Dios. (No intente hacer esto en casa, puede lastimarse). Como todo creador consumado, luego dio un paso atrás y miró su obra, un verdadero artista. Casi puedo verlo, frunciendo un poco el ceño. Un buen comienzo, seguro, pero la Tierra en particular parecía incompleta, tenía falta de algo interesante.

Luego de reflexionar un poco —no sabremos durante cuánto tiempo, porque Él no opera dentro de nuestras restricciones de tiempo y espacio— le agregó un toque a su obra maestra, cambiando la iluminación. Un cambio importante: el día con luz; la noche, con oscuridad. Y dijo que era bueno. Aún así, faltaba algo. Había demasiada agua. Entonces separó las aguas, insertó el cielo. Interesante. Una buena decisión, dijo.

¿Por qué parar allí? Le dio un toque más, agregó tierra y vegetación. Resultó ser una linda variación. Las ideas seguían surgiendo, y no tenía por qué detenerse, así que luego introdujo más elementos nuevos: el Sol, la Luna, las estrellas y los demás cuerpos celestes. Estaba creando lo mejor de ambos mundos, para decirlo de algún modo: un universo que no solo era funcional sino estética y mecánicamente fascinante. Después de un tiempo Dios decidió agregar aún más detalle a su obra: peces, aves y otros animales; brindó así una interminable variedad de actividades para mirar. Elemento tras elemento, todo se iba haciendo cada vez mejor.

Pero luego, como un maestro pintor que busca dar el último toque en el lugar justo sobre la tela, concibió el elemento más brillante de todos: las personas. Como quiso que salieran bien, las moldeó a su imagen y semejanza, y les dio muchas de las mismas cualidades y capacidades —en escala limitada— que Él poseía.

Al terminar, estaba muy satisfecho con el resultado. Dios había utilizado sus poderes creativos para crear un universo masivo, intrincado y magnífico, de la nada: un acto que solo Él podía lograr, sin sudar una gota. Siento que esto no fue trabajo; fue parte de la diversión de ser Dios: hacer cosas milagrosas, sorprendentes, brillantes y luego sentarse para disfrutar del resultado. Y fue un proceso notable: lo imaginó, lo habló, y sucedió.[3]

¿Cómo sabemos que fue así realmente lo que hizo? Porque el Dios que no puede mentir nos lo dijo. De hecho, para asegurarnos de que no hubiera malas interpretaciones, y para asegurar su importancia, estos actos de creación son lo primero que aparece en su guía para la humanidad —la Biblia—. Pero la creación del universo es tan especial, que la narrativa bíblica sigue volviendo a nuestra mente, del mismo modo en que debiéramos volver a pensar en sus implicancias y aplicación para el desarrollo de nuestra visión del mundo.[4] En última instancia, no podremos comprender perfectamente nuestra vida si no comprendemos la naturaleza de las capacidades creativas, elecciones y resultados de Dios.

Los escépticos existen

Sin duda sabe usted que hay millones de personas —quizá sea usted una de ellas— que no aceptan el hecho de que Dios creó el universo. La base de dicho escepticismo varía, pero a menudo gira en torno de la idea de la evolución.

El argumento de la evolución supone que el primer organismo viviente apareció como una entidad simple y unicelular, y que luego evolucionó hacia organismos cada vez más complejos por medio de un proceso llamado selección natural. La selección natural es el medio por el que un organismo debe sobrevivir en su entorno natural a los desafíos para poder reproducirse, eliminando a la parte débil de la especie para que queden solamente los más fuertes y adaptables. La teoría de la evolución sugiere que esta entidad unicelular no solo evolucionó en complejidad, sino que de algún modo mutó de alguna manera hasta llevar a ser un ser humano. Los evolucionistas aún deben determinar qué es lo que hizo que apareciera este organismo unicelular: ¿De dónde provino y qué lo creó? Si, como sabemos, no podemos hacer algo de la nada, y todo tiene que tener un comienzo, ni la teoría del Big Bang, ni la de la evolución explican cómo comenzó todo y cómo llegó a su condición presente.

Por supuesto, estas teorías tienen una gran falencia desde el punto de vista cristiano: niegan la enseñanza bíblica acerca de los orígenes del mundo y esencialmente muestran a Dios y a su Palabra como un engaño.

Los argumentos no bíblicos ignoran cantidad de evidencias y conocimientos científicos. Por ejemplo, toda materia está naturalmente sujeta a la entropía, lo que significa que con el tiempo las cosas pierden energía y fuerza en lugar de ganarla y, por lo tanto, tienden a hacer lo contrario a prosperar.

La perspectiva bíblica de este tema, es que Dios no solo creó el universo, sino también lo protege contra dichos procesos naturales de maneras que Él considera adecuadas. Como a Él le importa mucho todo lo que creó —después de todo lo creó con la idea de un propósito eterno— ha asegurado la supervivencia de dicho universo, y especialmente la de los elementos que tienen la mayor importancia.

¿Por qué le cuesta tanto a tanta gente aceptar el relato bíblico de la creación y supervivencia del universo? En cierta medida, es porque la Biblia no brinda un registro científico completo y detallado del propósito y proceso de la creación. Sin embargo, la Biblia no fue inspirada como libro de texto para ciencias. Fue diseñada para satisfacer los propósitos de Dios, lo cual incluye nuestro acercamiento a Él para conocerlo y apreciarlo. La Biblia contiene suficiente información acerca de la creación y mantenimiento del universo, como para que podamos entender mejor a Dios, mientras los descubrimientos arqueológicos y antropológicos confirman el relato bíblico. Pero recordemos que siempre habrá un elemento de fe en nuestra aceptación de lo que la Biblia describe. Si la Biblia no pidiera al menos una mínima medida de fe, entonces toda nuestra relación con Dios sería radicalmente diferente, y menos significativa.

Teoría del diseño inteligente

Una de las maneras más excitantes para conocer el proceso de creación es por medio de la teoría del diseño inteligente. Esta teoría está siendo desarrollada por un grupo emergente de científicos —que incluye a muchos científicos no religiosos— que desean dirimir la cuestión del debate entre los "creacionistas" y los "evolucionistas". Este intercambio en realidad no trata acerca de elegir entre una explicación científica o religiosa. Es sobre si el universo existe sobre la base del azar o del designio: es decir, la probabilidad de que al azar los elementos se alinearan sin guía para producir el mundo como existe hoy, o si el desarrollo del universo se basa en algún tipo de proceso de diseño integral, planificado y con un propósito.

Los evolucionistas propondrían que durante el curso de millones de años de adaptación, un proceso de desarrollo natural y progresivo hizo que los elementos de la vida pudieran ajustarse para producir la vasta variedad de especies vivientes —vegetales, animales y humanas— que existen hoy día.

Los defensores del diseño inteligente afirman que cuanto más estudiamos y entendemos el universo, tanto más vemos la increíble complejidad que no podría haber sucedido al azar; tiene que haber un diseño detrás, y por extensión, un diseñador. Y a pesar de que los científicos apoyan esta teoría pero no proponen la necesidad de un diseñador divino como parte de la misma, los cristianos entenderíamos que el diseñador es Dios.

A ambos lados de este debate, hay acuerdo sobre diversos hechos de la creación, pero hay divergencias en cuanto a la interpretación. Uno de los ejemplos críticos tiene que ver con el tema de la adaptación que debe hacer una especie.

Ambos grupos creen que la mayoría de las especies vivientes pueden adaptarse en cierto grado a las fuerzas del ambiente, pero los evolucionistas típicamente dicen que no hay límite a dicha variación, explicando así el vínculo entre el organismo unicelular primitivo y las variadas y complejas especies que hoy existen.

Quienes defienden la explicación del diseño inteligente arguyen que hay límites a la capacidad de adaptación. Una ilustración que he oído ya varias veces en defensa del argumento del diseño, es que se pueden cruzar razas de perros, para obtener variaciones desde los chihuahuas al gran danés, pero que no pueden hacerse cruzar para obtener gatos.[5]

Un filósofo y científico altamente respetado, Hugh Ross, ha ofrecido uno de los argumentos más fuertes que he encontrado con respecto a la existencia del universo. El Dr. Ross brinda numerosos ejemplos que muestran que el orden del universo no sucedió al azar. Si ponemos todas estas improbabilidades una junto a otra, el resultado será más que improbable.

Por ejemplo, el Dr. Ross observa que si se modificara aún levemente la fuerza de gravedad, la vida en la Tierra se vería totalmente alterada, porque la existencia y conducta de todos los cuerpos celestiales, incluyendo las estrellas y el Sol, se modificaría totalmente. Si la velocidad a la que viaja la luz se modificara para que fuera apenas más veloz o más lenta, las estrellas que rodean a nuestro planeta serían demasiado brillantes o demasiado tenues, y la vida como la conocemos, cambiaría significativamente. Si la Tierra tuviera una inclinación levemente distinta, el cambio en la temperatura de la atmósfera haría que el planeta fuera inhabitable para animales y humanos.

Y aún la profundidad de la corteza terrestre es importante, ya que el Dr. Ross indica que una alteración también alteraría el contenido de oxígeno en el aire, y la vida se extinguiría, se apagaría como una vela.

Sumemos todos los factores que los científicos han identificado como en equilibrio perfecto para que exista la vida: frecuencia de terremotos, fuerza del campo magnético del planeta, ciclos de rotación de la Tierra, la relación de los campos gravitacionales de la Tierra y la Luna, y encontraremos que la probabilidad de que el azar haya causado todo esto es ridículamente mínima.[6] Se requeriría de mucha más fe para creer en esa teoría, que en la idea de un Creador divino que moldeó el universo según sus increíblemente perfectas especificaciones.

La razón de la creación

Lógicamente, un universo que existe por designio, no puede carecer de propósito. Una de las cosas que descubrimos al leer la Biblia de principio a fin es que Dios es un ser inteligente que tiene una razón para todo lo que hace o permite. Si aceptamos la idea de que Él creó el universo, entonces ¿por qué lo hizo? Él es auto suficiente, auto sustentable y omnipotente ¿Por qué crearía el mundo en el que vivimos?

Las Escrituras nos dan lo que parece una explicación increíblemente simple. ¡Creó el mundo porque así lo deseaba! Pero las mentes inquisitivas quieren saber por qué lo deseaba. Nuevamente, la Biblia provee una explicación simple: Dios disfruta de crear cosas que se relacionen con Él y que lo aprecien por su poder, propósito, pureza y perfección. Las plantas son hermosas, pero no pueden lograr esto. Los animales son preciosos, pero limitados porque tampoco pueden lograrlo. Solo los seres humanos, descriptos como la creación más acabada en su universo, pueden satisfacer el deseo de Dios de ser amado y adorado.

Observemos la diferencia entre lo que los humanos hacen para Dios y lo que el resto de su creación ofrece. Los objetos inanimados que Él creó lo glorifican con su propia magnificencia y complejidad. Su mera existencia es importante porque revela su existencia y la magnitud de su poder y capacidad. Las montañas, los mares, los animales, todo lo que Él creó antes de la humanidad cumple su voluntad y le causa placer.[7] Pero son solamente los humanos los que pueden comprender la increíble sofisticación y belleza del universo, y darle a Dios respeto significativo y sentido, alabanza y adoración como resultado de la obra de Dios.[8]

LA DIFERENCIA QUE MARCA EL ENTENDER LA CREACIÓN

Pensar como Jesús exige que tengamos un entendimiento no ambiguo y estable sobre la fuente de donde proviene todo lo que vivimos. Sus actividades terrenales surgieron de un claro sentido acerca de quién está a cargo, y de qué trata la vida en el planeta Tierra. Cuando Jesús hizo discípulos a sus seguidores, siempre llevaba todo tema al nivel de la visión básica del mundo. Como indicó en el Sermón del Monte, Dios lo sabe todo, Dios lo controla todo, y sus propósitos y voluntad se cumplirán.[9] Como participantes de su plan, podemos reconocer su soberanía y trabajar con Él, o pelear en contra de Él y pagar el precio.

¿Qué es lo que impulsaba la capacidad de Jesús para vivir una vida de influencia, que agradara a Dios, en esta Tierra? Él comprendía el poder, la presencia y los propósitos de Dios Padre. Como tal, Jesús sabía que el universo no había surgido así como así; había sido creado.[10] El universo no había sido creado en un vacío; había sido desarrollado con un sentido de propósito divino. Y el propósito era el de mostrar la grandiosidad y el poder de Dios, para que pudiéramos disfrutar de Él y darle lo que Él merece: alabanza plena, adoración, gloria, honor, respeto y amor.

Comprender cómo se creó el universo, nos hace prestar atención especial al hecho de que no hay otros dioses. ¿Creó Buda el universo? ¿O lo hizo Mahoma? ¿Podemos agradecer algún otro falso pretendiente al trono por esta obra maestra de creatividad? La existencia y naturaleza del mundo subrayan la importancia de adorar a Dios. También elimina todo argumento por adorar a cualquier otra cosa o persona; Él solamente es el sorprendente Creador de todo, merecedor de la adoración que desea que le ofrezcamos. La idolatría en el mundo que Dios creó, es un absurdo lógico, una blasfemia espiritual.

Lo que la creación revela

Este universo tan intrincado también nos da varias pistas acerca del carácter de Dios, facetas que harán que podamos adorarlo al conocerlo más, disfrutar de Él más plenamente, difundir la nueva acerca de Él con mayor compromiso, y servirlo con aún más entrega. La naturaleza de lo que Él ha creado, muestra que Dios tiene orden y propósito. Su creatividad excede los límites de nuestra imaginación, pero también Dios presta atención al detalle en maneras que no llegamos a comprender. Lo que Él creó *funciona,* es práctico, completo, integrado, capaz de cumplir su voluntad divina. Para desarrollar todo esto, por cierto tiene que ser poderoso, pero el suyo es un poder controlado y dirigido, y no blandido para ostentar, sino utilizado con propósitos tangibles e importantes.

El hecho de que Dios siga involucrado en las actividades del mundo, guiando, sosteniendo e influyendo sobre los hechos del mundo de modo de ver que su plan se cumpla, envía un mensaje a la humanidad. Dada la prueba de que Él sigue preocupándose por su creación, nosotros también tenemos la obligación de exhibir tal cuidado y preocupación por su universo. Identificar dichos elementos ayuda a que formamos una idea que promueva mayor adoración y servicio. También nos permite interpretar la realidad a través de una lente distinta: nada sucede por accidente, y no hay actividad sin significado en sus esfuerzos.

Como somos seres creados hechos a su imagen y para cumplir con sus propósitos, si entendemos más acerca de su creación podemos tener una relación más significativa con Él, y obedecerlo más plenamente.

¿Qué nos dice la creación acerca de sus grandes propósitos? La reacción visceral ante su designio es la sorpresa, el respeto, intencionalmente inspirados para motivarnos a concentrarnos en Él, a desear una relación con Él y a bendecirlo en toda manera posible por causa de su fenomenal naturaleza. He tenido la oportunidad de observar de cerca a muchos excelentes atletas, músicos y políticos, y nunca dejo de sorprenderme por cuán frenéticamente busca la gente ofrecer adulación, oportunidades y hasta beneficios materiales a estas "superestrellas".

¿Cuánto más merece entonces Dios, cuánto mejor y más fuerte es lo que debemos ofrecerle?

Damos por sentada su creación y su existencia; es tan increíble y se nos ha dado tan grande acceso a todo ello, que estamos virtualmente anestesiados ante su grandeza. Adquiera el hábito de tomarse un momentito cada tanto, cada día, para maravillarse ante los elementos del mundo que Él diseñó. Reflexione en la génesis de lo que nos rodea, y en el funcionamiento continuo del mundo. En esos momentos de iluminación, tómese el tiempo de decirle a Dios cuán especial es Él, y cuán agradecido está usted de tener ojos para ver y oídos para oír los elementos de su obra, y para comprender el cimiento de su eterno propósito. La respuesta y reconocimiento, son cosas que no podemos dar por sentadas.

Cuando más comprendemos su creación, tanto más respecto debemos reconocer que merece. Cada bocadillo de realidad es suyo: Él lo creó, Él tiene un propósito para ello, Él lo sostiene y Él lo ama. ¿Responde usted ante lo creado a la luz de lo que entiende es su propósito dentro del plan de Dios? ¿Está listo para pararse ante Él y explicar cada una de sus acciones a la luz de su preocupación por todo lo que Él ha creado? Los humanos quizá seamos su máxima obra en este logro del universo, pero seguimos siendo inferiores a Dios y dependientes de Dios. ¿Qué grado de respeto y obediencia le brindamos?

Creación y ciencia

Quizá se pregunte acerca del rol de la ciencia: ¿Es inherentemente hostil a Dios? ¡Claro que no! La ciencia es uno de los medios por lo que podemos llegar a encontrar alguna explicación a la sorprendente complejidad y conexión en todo lo que Dios ha creado.

El propósito de la ciencia ha sido distorsionado por algunas personas, para que fuera un medio que "probara" la ausencia o no existencia de Dios, cuando de hecho, la ciencia solo puede señalar la existencia y majestuosidad de Dios. Los resultados de investigaciones auténticamente científicas, lo cual Dios permite, simplemente nos darán más razones para glorificar a Dios, y no razones para reemplazarlo o desecharlo. Una investigación honesta reflejará a Dios; solo las prácticas deshonestas concluirán que Dios no es responsable por la creación del mundo. Como cristianos, debiéramos alentar las contribuciones que la ciencia auténtica hace a nuestras vidas y a nuestra relación con Dios.

Uno de los resultados de un método científico genuino, es la reafirmación de que Dios creó el universo de la nada, algo imposible para cualquier otro ser. Nos enorgullecemos de nuestra capacidad de crear, pero lo que hacemos es simplemente reacomodar materiales existentes para crear nuevas combinaciones. El milagro real está en la creación original de esos elementos. Y solo Dios puede hacer eso.

A medida que trabaje hoy usted, piense que Dios le ha confiado una responsabilidad hacia las generaciones futuras. No somos solamente habitantes de su creación, sino administradores de esta, como veremos en el siguiente capítulo.

Es nuestra responsabilidad utilizar y disfrutar de lo que Dios hizo, pero también protegerlo para que las generaciones futuras sientan el mismo respeto e intimidad con Él a través de su obra, como tenemos el privilegio de sentirlo hoy nosotros.

Y no pierda de vista el hecho de que si tenemos responsabilidad de dar a conocer el conocimiento y el amor de Dios y su verdad con los demás, especialmente la verdad acerca de lo que hizo Jesucristo en la Tierra y en la cruz por todos nosotros, nuestro entendimiento y apreciación de la creación de Dios son elementos integrales de dicha narrativa. Establecer un diseño tan intrincado para el universo, es un ejemplo de la inteligencia de Dios, de su poder y propósitos, que debieran ayudar al no iniciado a comprender el significado de la vida y de la eternidad.

Habiendo establecido la existencia y la naturaleza de Dios, y los medios y propósitos de su creación del universo, ahora pasaremos a la siguiente pregunta en nuestro viaje: ¿por qué se molestó en crear al ser humano? En un mundo tan idílico, lleno de paz y belleza, ¿qué valor podríamos agregar al orden creado?

Siete

Pregunta 4:
¿Cuál es la naturaleza y el propósito de la humanidad?

Cuando mi familia y yo viajamos por el país para trabajar con las iglesias, solemos ver más televisión en nuestra habitación del hotel, que lo que vemos cuando estamos en casa. Hace poco vi un programa sobre los peces en el océano. Soy una de esas personas que se fascina con las idiosincrasias de los habitantes del océano. En este programa en particular, sin embargo, me sorprendió mucho el relato. El narrador informaba a los televidentes que los humanos tienen la responsabilidad de proteger las especies de peces que aparecían en ese programa porque "todas las criaturas que pueblan la tierra tienen el mismo valor". Todas las formas de vida, vegetales, animales o humanas, tiene los mismos propósitos fundamentales —identificados como reproducción y vida— y por eso tienen los mismos derechos y obligaciones, unos hacia otros.

¿Es esta la visión del mundo que enseña la Biblia? Para poder determinarlo debemos explorar el propósito de la vida humana, la naturaleza de la humanidad y el modo en que la Iglesia de Dios se relaciona con todo esto. Lo primero tomará la mayor parte de este capítulo, porque es la base de los otros dos aspectos.

Los propósitos de la vida

Podríamos comprender la vida humana como con cinco propósitos principales. Dios lo indicó, con términos muy explícitos: *"Ahora, pues, Israel, ¿qué pide Jehová tu Dios de ti, sino que temas a Jehová tu Dios, que andes en todos sus caminos, y que lo ames, y sirvas a Jehová tu Dios con todo tu corazón y con toda tu alma; que guardes los mandamientos de Jehová y sus estatutos, que yo te prescribo hoy, para que tengas prosperidad?"* (Deuteronomio 10:12-13).

Podemos simplificarlo aún más. Este mandamiento de Deuteronomio puede resumirse en dos desafíos: amar a Dios, y obedecerlo.

Primero, se nos llama a amar a Dios y a su pueblo —porque Él nos ama tanto que quiere que nos tratemos unos a otros del mismo modo. Para hacerlo, debemos amarlo a Él personalmente, completamente, debemos adorarlo como expresión de dicha devoción, y debemos temerlo porque lo amamos tanto que lo único que nos importa es lo que Él piense de nosotros.

Segundo, debemos ser fieles a las indicaciones que Dios nos da en su Palabra, como prueba de que verdaderamente lo amamos y nos comprometemos a hacer lo que ahora sabemos que le brinda gloria y placer. La obediencia es más que solo seguir la letra de la ley; es discernir lo que Dios querría —su voluntad para nosotros— y elegir acciones que lleven a dicho resultado.

Estas dos palabritas —*amar* y *obedecer*— ¡contienen tanto! El identificar estos factores como la clave de la vida, responde a la pregunta: ¿qué quiere Él de nosotros? Pero también presenta otra pregunta: ¿por qué lo quiere? Parece que estas conductas son necesarias para que Dios tenga una relación sólida con nosotros, y para que podamos disfrutar plenamente de relaciones robustas con Él y con los demás.

La naturaleza de Dios es que Él *es* amor. Desea criaturas con las que pueda compartir de manera significativa este amor, criaturas que puedan recibirlo.[1] Los humanos fueron creador con ese propósito: para que conozcan íntimamente a Dios y tengan una relación de amor con Él. Usted y yo tenemos el privilegio de interactuar de la manera más íntima y significativa con Dios Padre, Jesús el Hijo y el Espíritu Santo. Pero ¿qué significa tener una relación con Dios?

Una relación genuina con Dios

La Biblia es la saga del deseo inamovible de Dios de tener una relación con nosotros. La naturaleza de ese vínculo es diferente del de la relación que tenemos con otras personas, porque Dios mismo es tan diferente. Debemos amar a Dios mediante la plena apreciación de quién es, y lo que ha hecho, y demostrar afecto apasionado por Él, ser espiritualmente dependientes de Él, y exhibir absoluto compromiso y lealtad hacia Él.

Este amor en un emprendimiento tan importante que nos lleva toda la vida lograrlo y disfrutarlo. La magnitud del desafío es tan grande que no importa cuánto nos esforcemos, a causa de nuestra tendencia innata por desobedecer a Dios, jamás lograremos cumplirlo del todo. Gracias a Dios, la perfección propia no es el objetivo, porque eso está fuera de nuestro alcance. Nuestra motivación principal es desarrollar la voluntad de amarle *"con todo tu corazón, y con toda tu alma, y con todas tus fuerzas"*[2] ¡Y este sí es un proyecto más que ambicioso!

El creciente deseo de amar

Este objetivo también puede parecer fuera de nuestro alcance. Sin embargo, recordemos que Dios desea que logremos el éxito. Porque nos ama de verdad, no nos acusa ni nos exige cosas que van más allá de nuestra capacidad. Ha de ser posible entonces poder lograr un deseo pleno de amarlo profundamente. ¿Cómo hacerlo?

A pesar de que la Biblia nos dice que parte de amar a Dios consiste en sentir saludable temor hacia su naturaleza omnipotente, Juan explica que si verdaderamente amamos a Dios con toda nuestra capacidad, no tendremos temor personal porque *"el perfecto amor echa fuera el temor; porque el temor lleva en sí castigo. De donde el que teme, no ha sido perfeccionado en el amor"* (1 Juan 4:18).[3] Es la autoridad y la presencia de Jesús en nuestra vida lo que nos da la capacidad de sentir tan "perfecto amor". Cuando Moisés le dio a Israel los Diez Mandamientos, los amonestó diciendo: *"No temáis; porque para probaros vino Dios, y para que su temor esté delante de vosotros, para que no pequéis"*.[4] Con la gracia extendida a nosotros mediante el sacrificio de Jesucristo, esta exhortación puede entenderse hoy como "que tu *amor* por Él te impida pecar".

Cuando Jesús es verdaderamente el amo de nuestra vida, el mayor desafío es conocer las expectativas de Dios —según la Biblia— escuchar la voz del Espíritu Santo que nos instruye para cumplirlas y confiar en el poder de Dios para resistir a la tentación de hacer aquello que le desagrada.

A veces nos cuesta, porque pensamos que amar a Dios es una acumulación de conductas que se suman para resultar en una apreciación importante. Pero amar a Dios no es tanto cuestión de hacer, como de ser: amar a Dios es estar veinticuatro horas al día, los siete días de la semana, junto al Señor. Nuevamente, Dios mismo es nuestro modelo, como nos recuerda Juan cuando dice que *"Dios es amor"*. Del mismo modo, porque Dios ha invertido tanto de Sí mismo en nosotros mediante la muerte y resurrección de Jesús y el subsiguiente regalo del Espíritu Santo, tenemos una capacidad sobrehumana para amarlo.

De hecho, uno de los elementos más importantes es tener fe suficiente en Él como *para confiar en Dios por completo*. Dios mismo quiere que nuestra confianza en Él aumente, y nos da los medios necesarios para probar la fuerza de nuestra confianza en Él a través de las pruebas y desafíos en la vida cotidiana. El modo en que manejemos cada obstáculo, problema y victoria en la vida, podrá verse como una serie de hechos al azar o como un medio para aumentar nuestra fe y confianza en Dios. Puede ser difícil ver cada situación —conversaciones, oportunidades, conflictos y elecciones— como bloques de construcción que tienen la intención de construir nuestra relación con Él. Pero si vemos la vida a través de esta lente, daremos un gran paso adelante. Una vez que entendemos que luchamos por nuestras almas en una lucha sin fin, reconociendo que Dios es soberano y que Satanás está activo buscando derrotar la soberanía de Dios, veremos que no existe tal cosa como la coincidencia. Todo incidente en la vida, no importa cuán pequeño parezca, tiene un propósito que se relaciona con el gran plan invisible que se desarrolla alrededor de nosotros.

Dios prometió que no permitirá que soportemos nada que esté más allá de nuestra capacidad, y que cada prueba trae un resultado positivo para quienes buscamos honrarlo. Sin la suficiente confianza en Dios para perseverar fielmente en las dificultades justas e injustas que debamos enfrentar, nuestro amor por Dios carecerá de la profundidad —asible— que transforma nuestras vidas.[5]

Amor práctico

Por tanto, si amar a Dios es el punto principal en nuestra vida ¿cómo lo logramos? Nuevamente, la Biblia nos brinda claves por medio de sus relatos, y a través del modelo que Jesús es para nosotros. Hay algunas prácticas que hacen que este amor sea real.

Amar a la humanidad. Primero, se nos llama a imitar su ejemplo, amando a los objetos de su amor: las personas. Las Escrituras nos informan que debemos amar a la humanidad. La razón por la que debemos amar a los demás no es para promover "la paz global" o la "unidad internacional". Es para que honremos lo que es importante para Dios. Del mismo modo en que queremos ser amados y aceptados por los demás, debemos amarlos y aceptarlos. Lo hacemos no para protegernos del trato injusto o doloroso, sino para aceptar y cumplir con los deseos e ideales de Dios.

Nos equivocamos si intentamos amar a las personas solo soportando su presencia, o reconociendo intelectualmente que Dios nos manda aceptarlas, o fabricando sentimientos de afecto hacia ellas. Dios nos alienta a mostrar amor genuino, bendiciendo a otros por medio de la afirmación y el aliento, cumpliendo con sus necesidades físicas y emocionales, viviendo y trabajando en una comunidad impulsada por la fe.[6] Estas no son conductas o esfuerzos opcionales que podemos adoptar según nos convenga. Son el cimiento sobre el que se construye nuestra experiencia humana. Y esto puede requerir que pensemos de nuevo los objetivos y prioridades que hemos establecido para nuestras vidas.

Amar a Dios con todas nuestras fuerzas, requiere de nuestro servicio a Él. Esto puede soñar extraño, ya que Dios es todopoderoso, y como ser espiritual, no tiene necesidades físicas que pudiéramos satisfacer. Sin embargo, gran parte de las enseñanzas de Jesús alientan a los cristianos a ocuparse de las necesidades de los demás, tanto si son físicas, emocionales, familiares, espirituales o básicas.[7] Esto se relaciona con lo que se conoce por "el segundo gran mandamiento": el llamado a "amar a tu prójimo como a ti mismo", como medio de parecernos más a Cristo.

San Pablo se explayó sobre este concepto de servicio cuando exhortó a los creyentes de la iglesia primera a adoptar cualidades de carácter y conducta que les permitieran amar a otros por medio del servicio. Pablo fue prolífico para hacer listas, y brinda diversas colecciones que explican cómo se ve el amor en la práctica. En su carta a los Colosenses, por ejemplo, nos alienta a tratar a otros con amabilidad, humildad, misericordia, gentileza, paciencia y perdón.[8] En otros pasajes del Nuevo Testamento se nos exhorta a darnos unos a otros amor, perdón, sumisión y aliento, y a trabajar juntos en cooperación.[9] El propósito y naturaleza de estas directivas nos recuerdan que lo que hacemos resulta de nuestro carácter y de nuestras creencias, y que esto importa mucho más de lo que creemos.

Dar a otros el amor de Dios. Una segunda reflexión sobre el verdadero amor de Dios, es brindar su amor a los demás, no simplemente como medio de servicio, sino como resultado de nuestro entusiasmo por participar en su vida. Dar su amor puede practicarse al criar a nuestros hijos, al tratar con nuestro cónyuge, al cuidar a nuestros padres ancianos, al pensar en anunciar las buenas nuevas de la vida de Jesús a quienes no están dedicados a Él. Como embajadores de Cristo debemos aprovechar cada oportunidad para ser como Cristo, reflejar su preocupación y compasión tanto a nivel temporal como a nivel eterno.

Comunicar de verdad. De nada vale una relación si no hay comunicación sincera y frecuente. Nos relacionamos con Dios por medio de la oración y la adoración. Si no dialogamos con frecuencia, la conexión con Dios se debilita, y esto disminuye nuestra capacidad de permanecer cerca de Él. Cuando no hay comunicación fluida con Dios, es que no todo anda bien en la relación; cuando amamos a alguien y tenemos la oportunidad de interactuar, naturalmente y con entusiasmo explotamos esta oportunidad.

Nos relacionamos con otras personas por medio del lenguaje y otros medios de comunicación para enseñarles algo, alentarlas, dirigirlas e informarlas. La ausencia de comunicación constante y clara, escrita u oral, señala una ruptura o la superficialidad en la relación. La comunicación efectiva tiene que ver también con la calidad de la interacción y no solo con la frecuencia. Como nos advierte la Biblia, deberemos rendir cuentas por cada palabra dicha, y debemos utilizar el lenguaje que ayude a las personas a mejorar y construir, y no a deshonrar a Dios o a los demás.[10]

Disfrutar del regalo de la vida. Otro de los componentes importantes del amor a Dios es disfrutar de la vida que Él nos ha dado. Este puede ser un aspecto que muchos malinterpreten, porque puede verse desde una perspectiva utilitaria —es decir "el mundo está aquí para mi placer". La vida es un regalo de Dios, que se nos ha dado gratis, y que nos permite tomar decisiones importantes que cambian el curso de nuestro camino. La Biblia indica que la naturaleza de las elecciones que hagamos determinará si podemos vivir una vida plena y placentera. Para ayudarnos en esto, Dios nos da muchos consejos sobre cómo hacer elecciones beneficiosas. Al amar a Dios y disfrutar de su regalo, vivimos con mayor sentido de significado y plenitud.

¿Pero cómo disfrutar de una vida llena de dolor, confusión e imperfección? Reconociendo las posibilidades y buscando con toda intención los resultados positivos que Dios identifica. Por ejemplo, Dios nos alienta a divertirnos dentro de los límites de una vida santa.[10] Dios no es un aguafiestas cósmico, sino alguien que desea que vivamos plenamente, que obtengamos placer de observar que otros disfrutan realmente de los regalos que les damos en las fiestas, por ejemplo. Y nos exhorta a encontrar placer en la música y la comida.[12]

Las personas también son motivo de gozo. La familia provee gozo y crecimiento. Una relación saludable con nuestro cónyuge, la maravilla y éxtasis de criar hijos, las relaciones estrechas con nuestros parientes, todo ello enriquece nuestra vida.[13] Hay otras relaciones personales que también pueden dar grandes satisfacciones, y Dios nos alienta a vivir la vida ricamente.[14] Fuimos creados para las relaciones, y no para el aislamiento. Las amistades que formamos facilitan este aspecto de la plenitud humana.

El ambiente en el que Dios nos ubicó fue creado para producir gozo, sea por medio de nuestra fascinación en la variedad de los elementos creativos y prácticos del mundo, o por medio de la provisión de la tierra, el aire y los mares que Dios creó.[15] Dentro de este mundo debemos trabajar, y a veces aunque el trabajo cansador sea una maldición producida por nuestra rebelión en contra de Dios, Dios ha redimido nuestra labor. Nuestro esfuerzo vocacional, nuestra productividad y aún la riqueza resultante de estos, pueden darnos placer especialmente cuando utilizamos la riqueza de manera generosa.[16]

Como experimentamos la vida en cuerpos mortales, la Biblia proclama que debemos gozarnos en el regalo de la buena salud que nos permite aprovechar las numerosas oportunidades que Dios nos da.[17] Dios nos pide que reconozcamos cada nuevo día como un regalo renovado, prolongando nuestra capacidad de gozarnos y vivir plenamente.[18] Sin embargo, también nos aclara que para amarlo y disfrutar de su generosa y abundante provisión, debemos contentarnos con lo que tenemos, en lugar de sentirnos amargados por lo que no tenemos. El gozo es más cuestión de actitud que resultado de la experiencia.[19]

Adorar a Dios. Quizá ante todo en nuestros esfuerzos por amar a Dios está nuestra adoración a Él. La Biblia explica que la adoración no es un evento semanal de una hora en el templo, ni una rutina que se hace hábito en nosotros, sino un estilo de vida que emana de un corazón y una mente reacondicionados. Por ejemplo, los Diez Mandamientos comienzan con tres instrucciones que forman la base del amor a Dios: adorarlo a Él y no a cualquier otro Dios, y no hacer ídolos para adorar. Dios proclama su razonamiento: *"Yo soy Jehová tu Dios, y no compartiré el afecto de tu parte con ningún otro dios".*[20] Luego iguala la adoración a los falsos dioses con el odio hacia Él, y nos advierte que castigará a quienes no lo adoren.

Cuando Dios le indicó a Moisés que guiara a Israel en su salida de Egipto, lo hizo para que pudieran adorarle más plenamente. Seis veces Moisés repite las palabras de Dios al Faraón: *"Deja que mi pueblo salga para que puedan adorarme".* La adoración es tan importante que encontraremos que las personas a quienes Dios usó para cambiar al mundo, y cuyas vidas soportaron las peores cosas en la historia humana, aparecen todas como personas que adoraban a Dios. Estudie las vidas de Jacob, Abraham, José, Moisés, Josué, David, Salomón y los apóstoles. La Biblia describe el compromiso de todos ellos hacia la adoración a Dios.[21]

Esto es tan importante para Dios, que prometió darnos la capacidad de adorarlo solamente a Él. Al hablar de quienes lo siguieran, el Señor por medio del profeta Jeremías explicó: *"Y les daré un corazón, y un camino, para que me teman perpetuamente, para que tengan bien ellos, y sus hijos después de ellos. Y haré con ellos pacto eterno, que no me volveré atrás de hacerles bien, y pondré mi temor en el corazón de ellos, para que no se aparten de mí".*[22]

¿Ve ahora cuánto le importa a Dios la adoración? ¿Cuánto le importa *de veras*? Quiero decir que la adoración es el factor decisivo cuando se trata de determinar cuán real es nuestro amor por Dios. A los ojos de Dios, o lo amamos con todo nuestro corazón, o no lo amamos. Dios puede aceptar una vida de oración un tanto débil, una familia inestable, alguna mala conducta o el hecho de que no sirvamos a otros con sacrificio, pero no puede aceptar que nos neguemos a adorarlo.

En su concepción, la adoración es la expresión más acabada de nuestro amor, el único indicador de nuestros sentimientos hacia Él. En consecuencia, no hay términos medios aquí. La autenticidad de nuestro amor se ve probada por la frecuencia, intensidad y magnitud de nuestra adoración. O es Dios el único objeto de nuestra adoración, o no lo es. O nos comprometemos a la oración constante, al ayuno, al servicio y la meditación, o no lo hacemos. O nos comprometemos a leer las Escrituras y a conducirnos de manera que alabe y glorifique a Dios, o no lo hacemos.

No hay términos medios. Respiramos, comemos, bebemos, hablamos, pensamos y nos movemos hoy, para amarlo y obedecerlo. Cada nuevo momento es una oportunidad más para adorar a Dios. No hay mayor demostración de nuestro amor que la adoración al Creador.

El rol de la obediencia

Si amamos a Dios queremos complacerlo. Sabemos que Él es perfecto y santo, y que nos exhorta a serlo también, no solo porque es de nuestro mayor interés, sino porque esto nos permite conectarnos con Él más íntima y plenamente. Dios ha confirmado la importancia de la obediencia de cuatro maneras: estableciéndolo en su palabra, dándonos las reglas y mandamientos necesarios para una vida santa, dándonos el modelo humano en Jesucristo y enviándonos al Espíritu Santo para que nos dé el poder de sobreponernos a impulsos y tendencias que contradigan la santidad.

Las conversaciones de Dios con Moisés dejaron en claro que la obediencia es hacer la voluntad de Dios. Podemos conocer su voluntad por medio de su palabra, o por revelación directa, y por medio de modos en lo que Él nos ha bendecido o puesto en situaciones específicas para servir a su reino. Cada uno de nosotros tiene una vocación, una visión y un conjunto de diferentes "herramientas", para cumplir su voluntad para nuestra vida. Pero hay muchos elementos en común en la voluntad de Dios que nos afectan por igual a todos.

Para Dios la obediencia es primordial, porque es el signo de que verdaderamente lo amamos. Jesús enseñó esto cuando instruyó a sus discípulos: *"Si me aman, obedezcan mis mandamientos"*.[23] Juan lo confirmó con la realidad cuando escribió: *"El que dice: Yo le conozco, y no guarda sus mandamientos, el tal es mentiroso, y la verdad no está en él; pero el que guarda su palabra, en éste verdaderamente el amor de Dios se ha perfeccionado; por esto sabemos que estamos en él"*.[24] Esta obediencia glorifica a Dios y nos permite tener una relación viable con Él.[25]

Vivir en obediencia, sin embargo, no es algo que podamos lograr por propia voluntad.[26] Aún si la completa obediencia es responsabilidad nuestra, no tenemos la fuerza suficiente como para lograrla.[27] Debemos prepararnos para obedecer, estudiar la Palabra para comprender la ley, pero es solo por medio del poder especial que Dios nos da, en respuesta a nuestra ferviente oración, que podemos amar y obedecer a Dios.[28] El deseo y el poder provienen de Dios.[29] Podemos obtenerlos, pero no seremos capaces de obedecer por voluntad propia. Si esta fuerza estuviera en la humanidad, no habría sido necesario que Jesús muriera por nuestros pecados.

Dios promete que nuestra obediencia producirá una experiencia de vida muy superior en nosotros.[30] Nos promete "derramar" su amor sobre el obediente; protegerlo de las trampas del mundo; abrir las puertas del cielo para él y permitirle dominar aquellas cosas que se opongan a Dios y a su voluntad.[31] Pero recordemos que no buscamos obedecer los mandamientos de Dios simplemente porque los resultados nos beneficien. Se nos llama a obedecer a Dios porque es la más completa demostración de nuestro amor por Él, y buscamos dicha obediencia porque Dios no merece menos que obediencia. Llamarnos cristianos y no obedecer a Dios por completo, es hipocresía en su máxima definición.

Por qué importa la vida de oración

Todos respondemos a lo que importa de veras. Sea lo que fuere lo que creamos, esto nos da significado y motivo en la vida, y nos lleva a la acción. A menos que intencional e incansablemente busquemos ver la vida a través de los ojos de Dios, la veremos a través de los de Satanás, con resultados predecibles y desastrosos.

El comprender y aceptar el propósito de Dios para nuestra vida, nos permite alinear nuestras prioridades con las suyas. Estar sensibles al hecho de que Satanás desea nuestra alma y que luchará incansablemente para distorsionar nuestra visión y nuestra conducta, debiera ayudarnos más a ver claramente cómo son las cosas: las elecciones en la batalla espiritual en la que Satanás cree que aún tiene acceso a nosotros, si tan solo aprieta los botones adecuados. ¿Cuán cerca está el malvado de seducirlo para que juegue según sus reglas?

Evalúe sus motivaciones, en todo lo que haga: ¿se basan sus acciones en parámetros y principios bíblicos, concientemente identificados, o se deja guiar por la medida del mundo que le rinda el resultado más conveniente? Aún cuando tome decisiones que cree satisfarán a Dios, ¿basa sus decisiones en el propósito de agradar a Dios —lo cual puede evidenciar que aún hay rebeldía en su corazón— en base en la creencia de que dichas elecciones le beneficiarán a usted —corazón egoísta—, o busca exclusivamente hacer feliz a Dios? Si busca pensar como Jesús, lo único que debe preocuparle es agradar a Dios.

Comprender nuestro propósito en la vida debe reforzar nuestro compromiso hacia Dios. Identificar la verdadera razón de nuestra existencia nos da una más acabada comprensión de la afirmación de Pablo: *"Pues si vivimos, para el Señor vivimos; y si morimos, para el Señor morimos. Así pues, sea que vivamos, o que muramos, del Señor somos"* [32] ¿Ve usted que su vida trata sobre Dios, y únicamente sobre Él? Cuando más pueda despojarse de sí mismo y reemplazar su centro de atención por el ser de Dios, tanto más plena será su vida.

A veces las relaciones parecen más un obstáculo que una necesidad, pero si pensamos como Jesús, veremos cuán significativa puede ser nuestra relación con Dios y sus seguidores, para nuestro propio propósito y realización en la Tierra. Él sabe que esto puede ayudarnos a aprovechar oportunidades para servir a Dios, al servir a otros. Lo más probable es que esta reversión de la sabiduría terrenal finalmente nos permita disfrutar plenamente de la vida, a pesar de los desafíos y dolores o penas que debamos soportar. Pensar como Jesús, quien dijo: *"Porque aún Yo, el Hijo del Hombre, no vine a ser servido sino a servir"*, hará que nos veamos a nosotros mismos sirviendo a todos, no siendo amos de nadie ni de nada.[33] Y esta es una pelea dura, una carrera cuesta arriba, en la cultura contemporánea.

La naturaleza de la humanidad

Una vez que entendemos que Dios existe y comprendemos su sorprendente y única naturaleza, cuando reconocemos la verdad de su creación y vemos por qué creó a la humanidad, y conocemos el propósito que Dios tiene para nuestras vidas, podremos amarlo y obedecerlo plenamente, sin dificultad alguna. Pero como usted y yo sabemos, por años de experiencia personal, amar y obedecer a Dios es un desafío enorme, el más grande.

¿Por qué? A causa de la batalla espiritual por nuestras almas que introdujo el pecado y la maldad en la ecuación humana. Al tener libre albedrío —es decir, la capacidad de tomar decisiones antes de actuar— podemos seguir a Dios, o no hacerlo, dependiendo de nuestros más profundos deseos. Es la presencia de Satanás blandiendo sus atractivos terrenales a la luz de sus malvados deseos lo que hace que la obediencia sea tan difícil.

Muchas personas a las que he entrevistado se muestran perplejas por este tema del libre albedrío. ¿Por qué no nos hizo Dios para que hiciéramos lo que Él quiere, para que pudiéramos disfrutar de todo lo bueno que Él tiene reservado para nosotros?

Lógicamente, si Dios nos obligara a hacer su voluntad, estaría obligándonos a amarlo, y eso no sería amor de verdad. Él busca una relación genuina con nosotros, porque nosotros queremos amarlo, y deseamos dar la espalda a lo mejor que tiene el mundo para ofrecernos, de modo de recibir lo mejor que Él tiene para ofrecernos. Para que tenga significado, es necesario que se fundamente en una decisión, en una elección.

Las elecciones que hacemos surgen de quiénes somos: el carácter siempre determina la conducta. ¿Cómo es nuestro carácter natural? La Biblia se refiere muy claramente a esto; sus conclusiones pueden verificarse fácilmente por medio de la observación y la experiencia. Influenciados por Satanás —que desea apartarnos de Dios— nos confundimos, nos desalentamos, nos volvemos escépticos, insatisfechos y egoístas en cuanto a la vida. Nuestras vidas se definen por la rebeldía en contra de Dios, en lugar de por la búsqueda de sus caminos.

En el Antiguo Testamento y también en el Nuevo, oímos a Dios describir nuestra naturaleza. Al instruir a Jeremías sobre qué decir a los israelitas, Dios repitió el mensaje en otros profetas y apóstoles.[34] Habló nuevamente a Jeremías más tarde, retratando el corazón humano como "engañoso y desesperadamente malo".[35] En los Salmos, Asaf relata la historia del pueblo de Dios, lo llama *"Generación contumaz y rebelde; generación que no dispuso su corazón, ni fue fiel para con Dios su espíritu"*.[36] Jesús mostró su mayor enojo con los religiosos de su tiempo, les reprochó su hipocresía, su desconocimiento de las Escrituras, su necedad, su obstinación y falta de fe.[37] Ya ve usted la imagen, ¿verdad?

Los efectos del pecado se han insinuado profundamente en la esencia de la humanidad. Si se nos da la opción de ser santos o depravados, nuestra inclinación natural será hacia lo último. ¿Hay esperanza para la humanidad, tan pecadora? ¡Claro que sí!

Por nuestra propia fuerza no podemos cambiar nuestra naturaleza, pero el poder de Dios sí puede y desea causar una transformación de 180° en lo que somos y en cómo respondemos ante Él y su creación. Por medio del poder de la gracia de Dios podemos llegar a ser personas que la Biblia define como el *"fruto"* del Espíritu: *"amor, gozo, paz, paciencia, benignidad, bondad, fe,*[38] *mansedumbre, templanza"*.[39] Sin la presencia transformadora de Cristo en nosotros, seguimos siendo egoístas, obcecados, acérrimos adversarios de Dios, aún cuando creamos que no lo somos. Y aún después de que invitamos a Dios a cambiarnos, la transformación no es inmediata, porque dependiendo de nuestra resistencia residual, el efecto evidente puede ir desde lo indetectable hasta lo milagroso.

¿Por qué importa la naturaleza humana?

Nos gusta mucho que nos elogien. Pero si queremos pensar como Jesús, entonces debemos tratar con la realidad. El primer paso es darnos cuenta de que nuestra primera tendencia será quizá la de negarnos a dejar que Dios haga lo que desee con nosotros, en nosotros y a través de nosotros. Cuanto más completamente aceptemos la idea de que nuestros caminos no son los de Dios, tanto más grande es la esperanza de que podremos abandonar nuestra voluntad egoísta en favor de su voluntad amorosa y perfecta.[40] Esta es una elección que depende de nosotros. No sucede si no nos involucramos.

Saber la verdad acerca de nuestra naturaleza nos permite anticipar posibles fracasos, para prepararnos de antemano. ¿Se estudia usted a sí mismo durante el día —sus palabras, sus actitudes, sus motivaciones, su conducta y deseos— para identificar lo que está mal? Si tiende a ser ofuscado, rebelde, egoísta, infiel, hipócrita y aún malo, ¿le importa tanto su relación con Dios como para estar alerta a dichas manifestaciones de oposición a Él? ¿Cuán diligente es usted para examinar todas las facetas de su vida y localizar instancias de hipocresía, arrogancia o pecado? En anticipación a dichas erupciones ¿ha preparado soluciones, como una vida de oración saludable, compañeros ante quienes rendir cuentas y conocimiento de las Escrituras que le ayuden a combatir estos impulsos de maldad?

Mientras trabajaba en este aspecto del desarrollo de una visión del mundo, me impactó la importancia de conocer la Palabra de Dios. Jesús hizo todo lo posible por asegurar que aprendiéramos esta lección. Cuando se lo llamó para que se defendiera, observe cuántas veces se refirió a los pasajes de las Escrituras, presentando argumento en su defensa. Cuando criticó a los líderes religiosos por su mal ejemplo, fue sobre la base de principios bíblicos que estos líderes habían ignorado o distorsionado. ¿Cuánto se dedica usted a leer, estudiar, entender, memorizar y aplicar la Biblia? Si quiere pensar como Jesús, ¿cuánto apego demuestran sus decisiones y conducta al modelo del Señor reflejado en las Escrituras?

EL LUGAR DE LA IGLESIA CRISTIANA

La totalidad de los seguidores de Jesucristo, conocidos como la Iglesia, tienen un papel muy importante en nuestro entendimiento del propósito de nuestra vida. Recordemos que para amar a Dios debemos amar lo que Él ama. Su más atesorada relación, es la que mantiene con las personas. Entonces también debemos relacionarnos los unos con los otros, unidos por nuestra devoción común hacia Dios.

La Iglesia es la familia de creyentes que comparte un legado común en Adán y Eva y en la nación de Israel, un propósito común de amar y obedecer a Dios, un foco de atención común en la Biblia, y una esperanza común en Jesucristo. La descripción más sucinta de la Iglesia está en Hechos 2, donde vemos a los creyentes practicando su fe como Jesús manda que lo hagamos. Los componentes de la iglesia primera eran muy simples: enseñanza, oración, comunión, evangelismo y difusión, bautismo, signos milagrosos y milagros, compartir posesiones, servir al necesitado y adorar. La actitud de los creyentes se describe como reverente, gozosa y generosa.[41]

¿Ha cambiado el rol de la Iglesia en los últimos dos mil años? No. La reunión de creyentes mantiene su significado tradicional, como grupo de personas —no como lugar de reunión— unidos por su vínculo común en Jesucristo, reunidos para *"perfeccionar a los santos para la obra del ministerio, para la edificación del cuerpo de Cristo, hasta que todos lleguemos a la unidad de la fe y del conocimiento del Hijo de Dios, a un varón perfecto, a la medida de la estatura de la plenitud de Cristo"*.[42] Así, nuestro trabajo es el de reunirnos para estar mejor preparados para amar a Dios y a las personas. Lo que sucede cuando adoramos juntos a Dios es: dar a conocer nuestra fe en Él con los no creyentes, aprender los caminos de Dios y aceptar las cualidades que nos permitan llevarlos a cabo, sabiamente administrar los recursos de Dios para los propósitos del reino, desafiar las necesidades de los más pobres, servirles continuamente y desarrollar relaciones profundas con otros creyentes que brinden aliento, responsabilidad y estabilidad.

¿Por qué importa la iglesia cristiana?

Al explorar cómo responder de manera adecuada a la existencia de Dios y cómo encontrar sentido a nuestra vida, debemos pensar en el papel de la Iglesia en nuestros esfuerzos. Se ha puesto de moda entre los cristianos de los Estados Unidos, minimizar la necesidad de involucrarse en la vida de la Iglesia, pero la Biblia está llena de referencias a nuestra responsabilidad de participar activamente en ella. Los aspectos particulares de nuestros intentos por conocer, amar y servir a Dios con todo nuestro corazón, nuestra mente, nuestra fuerza y nuestra alma, solo pueden lograrse por medio de una participación intencional y significativa en la vida de la Iglesia.

Al respecto no podremos completar nuestro propósito y significado en la vida hasta tanto no nos adentremos en un sólido compromiso, una inversión en el cuerpo de creyentes. Es por medio de esta conexión que podremos llegar a conocer, amar, servir y obedecer a Dios. Y a menudo es mediante dicha relación con los otros creyentes que logramos una mejor sintonía en cuanto a lo podemos esperar después de que acaben nuestros días en este planeta. La Biblia nos dice mucho acerca de lo que sucederá después de que muramos en la Tierra, y esto es lo que nos dedicaremos a explorar, en el siguiente capítulo.

Ocho

Pregunta 5:
¿Qué sucede después de que morimos en esta Tierra?

Hay una historia sobre un encuentro con el diablo. Satanás entró en la casa de un hombre, se sentó en su sofá, se acercó con una gran sonrisa y dio el golpe:

—Me gustaría que me vendieras tu alma.

El hombre entrecerró los ojos, como midiendo al diablo:

—¿Qué tienes para ofrecer?

Sonriendo aún, el malvado respondió:

—A cambio de tu alma te daré todo el dinero que pudieras querer jamás, más fama, poder y respeto.

El hombre se reclinó en su silla y pensó en la oferta durante unos minutos. Finalmente, murmuró:

—Hmmm... debe haber alguna trampa.

Este hombre, junto con millones de estadounidenses, verdaderamente no tiene siquiera idea alguna del tema. El intercambio resume la poca importancia relativa que muchas personas le dan a su esencia espiritual. Hay millones de personas que no entienden la existencia y la operación de la maldad, de la gracia, de la salvación, del alma, del cielo y del infierno. Demostrando un optimismo típicamente estadounidense, suponemos que si tenemos buenas intenciones y trabajamos duro, todo saldrá bien. Esto ayuda a explicar por qué nuestras encuestas nacionales siempre revelan una paradoja.

Por un lado, la mayoría de las personas no han confesado sus pecados ni recibido a Jesucristo como su Salvador personal. Y por otro lado, más de nueve de cada diez adultos creen que cuando mueran pasarán a la vida eterna.[1] Por supuesto, esta es una contradicción solo si tenemos una visión bíblica del mundo. De otro modo, estas perspectivas parecen encajar tan naturalmente como los huevos y el tocino. En una visión bíblica del mundo, entonces, ¿cuál es la relación entre el pecado, el perdón, la gracia, la salvación y nuestra alma?

DOS DIMENSIONES: FÍSICA Y ESPIRITUAL

Todos tenemos dos dimensiones distintas aunque íntimamente relacionadas: la física y la espiritual. Nuestra existencia física se entiende por medio de nuestro cuerpo; la Biblia lo llama el corazón y el alma.[2] Nuestra esencia espiritual se manifiesta por medio del alma, que pareciera ser un aspecto inmaterial de nuestro ser.[3] Las Escrituras también afirman que nuestra alma es el aspecto más importante de nuestra existencia, porque es eterna y su vitalidad está directamente relacionada con nuestra experiencia con Dios.[4]

Alimentar nuestra alma

Nuestra alma es invisible, pero también sensible y consciente. Del mismo modo en que nuestras elecciones cotidianas afectan nuestra condición física, también afectan nuestro bienestar espiritual.[5] No nos sentiremos completos y plenos en la vida, hasta que hayamos equilibrado nuestra dimensión espiritual, hasta que hayamos comprendido nuestra naturaleza espiritual y logrado una sensación de paz con Dios. De hecho, descubrimos en las Escrituras que dicha plenitud proviene de adherir a los mandamientos de Dios y de invertir en nuestra relación con Dios.[6]

Por ejemplo, la Biblia dice que el alma siente sed de Dios, que se beneficia de la sabiduría y de sentir emociones intensas.[7] No es de sorprender que el alma sienta emociones que van del gozo a la angustia, en cuanto a su relación con Dios.[8] Porque fuimos creados para tener un vínculo importante con Dios, cuando dicha relación no se promueve sufrimos y nos sentimos incómodos. Hablando en términos espirituales, nuestra alma siente vacío e insatisfacción cuando su necesidad no se fe satisfecha en su aspecto primario: el espiritual.[9]

Nuestra sociedad suele mofarse del alma, y la trata como si no existiera o no importara. Sin embargo, nuestra alma refleja la expresión más profunda de nuestra realidad y experiencia espiritual.[10]

Hay una relación invisible aunque estrecha entre el corazón, la mente y el alma: pensamos, hablamos y nos comportamos mediante nuestro ser físico, pero el efecto final es vivido por nuestra alma. Por ello, el modo en que nos interesemos y nos comprometamos a amar y obedecer a Dios determinará el resultado final para nuestra alma.[11]

Después de morir, nuestra alma continuará existiendo eternamente. ¿Qué podemos hacer para preparar nuestra alma para una experiencia eterna positiva?

EL PROBLEMA DE LA MALDAD Y EL PECADO

Como hemos visto en capítulos anteriores, Dios es puro y verdadero. Dios es amor. Por su misma naturaleza, no puede soportar lo malo, lo impuro.[12] Sin embargo, y porque desea una relación genuina, de amor no forzado con los seres inteligentes que ha creado, permite que estos seres —ángeles y personas— elijan entre la búsqueda del honor y el amor por Él, o la de la realización y la gloria personal.

La rebelión de Satanás

La naturaleza de Dios es tan gloriosa que un grupo de sus ángeles, liderados por un renegado —el adversario espiritual que llamamos Satanás— se rebeló contra Dios, buscaba derrocar su soberanía. El objetivo de Satanás era —y sigue siendo— el de gobernar el universo, porque cree que puede hacerlo mejor que su Creador. Respaldado por un tercio de los ángeles del cielo, Satanás luchó contra Dios y sus ángeles leales... y perdió. Dios echó a Satanás y a todos los ángeles rebeldes, lejos de su presencia. Sin embargo, Dios sigue gobernando sobre ellos aún habiéndolos echado. Dios utiliza a Satanás para que ponga a prueba y refine el amor de la humanidad por Él.[13]

Satanás, entonces, tiene dos objetivos: derrotar a Dios, y destruir a sus criaturas: la humanidad.[14] El malvado inició su campaña con la primera pareja —Adán y Eva— y ha continuado persiguiendo a la humanidad desde entonces. Las Escrituras afirman que el legado de Adán y Eva es que nacemos con una naturaleza predispuesta al pecado y que el diablo continuamente tentará a las personas para que rechacen a Dios y a sus caminos, hasta el fin de los tiempos.[15] El diablo y sus seguidores luego serán enviados a un "lago de fuego", donde serán atormentados por toda la eternidad.[16]

Hasta entonces, sin embargo, seguiremos siendo el objeto principal de la atención y malvados designios de Satanás. Como criatura de Dios, que necesita permito para poder tentar a las personas, Satanás no puede obligarnos a pecar: esa es una elección que hacemos libremente.[17] La excusa repetida de que "el diablo metió la cola", es teológicamente incorrecta; el diablo puede convencernos de rechazar a Dios, pero no puede obligarnos a hacer nada si no elegimos seguirle. Dios permite que estas tentaciones sucedan para poner a prueba nuestro amor, para refinar nuestra fe. Jamás permite que los creyentes sean tentados más allá de su capacidad para resistir.[18] Y nos brinda diversas armas con las que podemos apartar las tentaciones, pero aún entonces la utilización de esos recursos será una elección personal que revele nuestro amor por Dios.

¿Qué es el pecado?

El pecado es la rebeldía en contra de los deseos y los caminos de Dios. Es decisión nuestra desobedecer los principios de Dios. Si bien se da el crédito a Satanás por llevarnos al punto de decisión, la elección de actuar con maldad es nuestra. No podemos culpar a las circunstancias, a otras personas o al mundo espiritual por nuestras elecciones. Debemos hacernos cargo de estas.

La Biblia establece claramente que no ha habido ser humano que haya sido capaz de resistir al pecado durante toda su vida. Toda persona peca en contra de Dios.[19] Estos actos de traición a Dios son obra de la astucia del diablo. En su pasión por destruir el reino de Dios, Satanás nos ataca con todas las herramientas de que dispone, y en toda oportunidad posible. La Biblia describe las múltiples estrategias de Satanás, que incluyen la distorsión de las Escrituras y su interpretación, el engaño, la duda, la atracción hacia lo oculto y los falsos dioses que nos tientan a buscar formas de satisfacción ilegítimas, que nos debilitan con diligentes ataques.[20]

Sin importar cuál sea la motivación que nos lleva al pecado, la desobediencia crea una brecha entre nuestro Dios amoroso y santo, y nosotros, y, fractura la relación que Él busca tener con nosotros y que desesperadamente necesitamos para poder experimentar la plenitud y el gozo en la vida.[21] Demasiado a menudo minimizamos el impacto del pecado, creemos que un acto de pecado es solo un evento más, insignificante y olvidable, en una vida llena con miles y miles de elecciones. Pero nuestra determinación por trivializar el pecado no le resta importancia. Dios toma en cuenta seriamente cada pecado porque indica la sinceridad de nuestro compromiso hacia Él.[22] El pecado literalmente destruye nuestra relación con Dios; cada pecado es una ofensa en su contra, aún si no es intencional.[23] Dada la naturaleza de Dios, ningún pecado puede ir sin su castigo, aunque todo pecado confesado será perdonado.[24] Sin algún tipo de mecanismo radical de reconciliación, es imposible que obtengamos el favor de Dios y que recibamos su eterno favor y bendiciones.

El pecado exige juicio

¿Alguna vez ha oído a alguien pintar sus acciones de modo que sugieran que sus pecados no eran importantes porque no eran "mayores", como el asesinato, la violación, robo a mano armada, etc.? Los frágiles eufemismos que utilizamos a veces para excusar nuestras faltas, como "mentirita blanca, mentira piadosa, falta momentánea de criterio, una cana al aire, o un tropiezo", pueden hacer que nos sintamos mejor, pero siguen representando nuestra falta, siguen mostrando que no nos condujimos según los parámetros de Dios. Como toda acción tiene una consecuencia, debemos reconocer que todo pecado debe recibir una respuesta de Aquel que lo juzga.

Su naturaleza infinitamente justa exige que la respuesta sea el castigo de alejarnos de su presencia y bendición, a menos que podamos encontrar un modo de convencer a Dios de que pase por alto nuestros pecados.

Quizá haya conocido usted personas que sienten que su resultado final es color de rosa, asegurado, porque son "buenos". De hecho, las encuestas nacionales de mi compañía muestran continuamente que los estadounidenses son propensos a creer que Dios sentirá el impulso de recompensarle con eterno favor si son por lo general buenas personas o han hecho las suficientes buenas obras durante su vida, en lugar de creer que sus pecados sobrepasan sus buenas obras, que rompen su relación con Dios y que requieren de una reconciliación espiritual con Él.

Previendo esta posibilidad, Dios la incluye en la Biblia. Establece, de manera inequívoca, que aún nuestros mejores esfuerzos son insuficientes como para borrar los deseos pecaminosos de nuestros corazones.[25] En cambio, Dios insiste en que haya reparación y reconciliación por cada elección que tomemos en rebeldía hacia Él.[26]

Perdón, gracia y salvación

Reconociendo cuán imposible es para nosotros el permanecer libre de pecado, pero incapaz de ignorarlo, Dios determina que el único modo en que puede Él disfrutar de una relación íntima y sin quebradura con nosotros, será por medio de la provisión de un sacrificio permanente y abarcativo.[27] Eso, por supuesto, es lo que representa la muerte de Jesucristo en la cruz para todo los que reconocen y confiesan sus pecados, piden perdón a Dios y aceptan la muerte y resurrección de Jesús como sacrificio por nosotros.[28]

La gracia de Dios por medio de Jesucristo

Este increíble acto de amor de parte de Dios —enviar a su perfecto Hijo a la Tierra para tomar responsabilidad plena por nuestros pecados y pagar el precio por nuestras malas elecciones pasadas, presentes y futuras— es el ejemplo más acabado de la gracia de Dios. La gracia es el regalo de amor de Dios, iniciado por Dios, para quienes no merecen tal favor.[29] Es esta gracia únicamente la que nos permite tener la seguridad de que nuestra alma vivirá para siempre con Dios, recibiendo su perdón, aceptación, bendición y plena adopción en su familia. Sin la muerte vicaria de Jesús por nosotros, no tendríamos esperanza alguna de reconciliación eterna con Dios, porque estamos demasiado inmersos en el pecado.[30]

Cuando Jesús murió en la cruz hizo más que expirar con nuestros pecados cargados sobre sus espaldas. Jesús conquistó a la muerte y a la necesidad de condena eterna, para todos nosotros por medio de su resurrección y ascensión hasta su lugar propio en el cielo con Dios.[31] Su regreso al cielo nos provee de un abogado ante el Juez eterno, además del medio de convertirnos en una nueva forma de humanidad mediante el poder del Espíritu Santo que vive en nosotros, cuando confesamos nuestros pecados y entregamos nuestra vida a Jesús.

Algunas personas que conocí a lo largo de los años y que no son cristianas, han expresado el sentimiento de que enviar a un hijo para que muera por los errores de otros no suena como la obra de un Dios amoroso y confiable. No entienden cómo era que se necesitaba la muerte de Jesús para demostrar las severas consecuencias del pecado, para probar la coherencia y consistencia de sus principios y respuestas, para subrayar cuán incapaces somos de determinar nuestro propio destino y para proveer un ejemplo sin igual de amor y preocupación por nosotros. Simplemente no tienen idea de cuánto le importa a Dios el pecado, de cuánto le importamos nosotros, y de cuán increíble fue el sacrificio hecho por Él en representación de nosotros por medio de la muerte de Cristo en esa cruz, en Israel.

QUÉ SUCEDE CON NUESTRA VIDA

Muchos cristianos no llegan a reconocer que una vez que reciben a Jesús como Señor y Salvador, su experiencia de salvación comienza, aún cuando siguen viviendo en la Tierra. Cuando hablamos de la salvación solemos concentrarnos en la vida que tendremos después de morir físicamente, pero Dios produce cambios inmediatos en nuestra existencia en el momento en que registramos nuestro compromiso de amar y honrar a Dios más plenamente, confiando en Jesús como nuestro Salvador.

Restaurados y santificados

Aceptar la gracia de Dios no es una "póliza eterna contra incendio", un tipo de beneficio sobrenatural que aparece después del funeral. La salvación introduce cambios radicales también en nuestra experiencia terrenal. El Espíritu Santo de Dios es enviado para vivir dentro de nosotros, y nos da poder, guía y seguridad que de otro modo no tendríamos.[32] Podemos sentirnos tranquilos, sabiendo que hemos recibido no solo el perdón por nuestra rebeldía y la eliminación del castigo eterno por dicha conducta, sino también porque se nos eleva al estado de "familia nuclear" por medio de la adopción espiritual de Dios.[33]

Los teólogos dirían que estamos en el proceso de ser "santificados", implicando que Dios nos está haciendo pasar por la transición hacia una santidad mayor por medio de un proceso progresivo de restauración.[34]

La evidencia de este cambio en nuestro corazón se ve en el "fruto" del arrepentimiento. Las personas que sinceramente entregan sus vidas a Dios, invitándole y permitiéndole que las transforme mediante la presencia y el poder de su Espíritu Santo, tienen más probabilidad de mostrar evidencia de ello a través de sus pensamientos y acciones, y menos probabilidad de hablar o conducirse deshonrando a Dios.[35] De hecho, es esta evidencia tangible de un carácter y conducta renovados, lo que sustancia nuestra afirmación de que verdaderamente hemos entregado nuestra vida a Jesús.

Nuestra rehabilitación espiritual no significa que no pequemos, o que no seamos tentados a pecar después de recibir la salvación. El diablo no discrimina en sus ataques contra las personas, y se complace en torcer los caminos de la gente, amen o no a Jesús. Pero Dios siempre nos da la fuerza de resistir las invitaciones de Satanás a pecar, y nos brinda medios específicos para rechazar sus insinuaciones. Específicamente, se nos alienta a orar por la liberación, a apartarnos físicamente de la situación, o a decir valientemente que no a la tentación. Del mismo modo en que Dios fortaleció y ministró a Jesús después de sus momentos de tentación, nos promete darnos la capacidad de hacer su voluntad si estamos decididos a hacerlo.[36]

DESTINOS PÓSTUMOS

Después de la muerte pasamos por el juicio final de Dios basado en las elecciones que hayamos hecho respecto del rol de Jesucristo en nuestra vida. O elegimos confiar en Él como medio para la paz eterna con Dios, o elegimos ser independientes y sufrir la eterna condena de Dios por nuestros pecados no resueltos.

Infierno

Quienes intentan aprovechar la vida al máximo, sin una conexión salvadora con Jesús, terminan yendo al Infierno. Los estudiosos de la Biblia están divididos en su opinión acerca de lo que significa "infierno". Algunos afirman que es un *lugar* de dolor y sufrimiento creado por Dios para Satanás y sus seguidores, y otros dicen que no es un lugar físico sino un *estado* de permanente separación de la presencia de Dios.[37] Bien, cualquiera fuere la interpretación, la Escritura es muy clara en cuanto a que el infierno les está reservado para quienes han elegido ignorar las reglas de Dios o quienes han pensado que podrían impresionarlo con su bondad. Su error de criterio causará que sufran eterno castigo, angustia y destrucción personal.[38]

El infierno fue creado para, y vivido por tres tipos de seres: Satanás, sus demonios —ángeles caídos derrotados por los ángeles de Dios— y las personas que rechazan la oferta de gracia de Jesús.[39] Parece que todo quien está designado al infierno conocerá el dolor y la devastación por medio de una combinación de agonía física y tormento emocional y espiritual, resultantes del alejamiento de Dios y de sus bendiciones.

No importa cuál descripción del infierno elija usted, es un resultado que nadie querría vivir, ni aún durante unos pocos minutos.[40]

Cielo

La alternativa más atractiva —y hay solo dos opciones en el *"escoge"* de Dios— es pasar la eternidad en el cielo. La Biblia contiene mucha más información acerca del cielo que del infierno, pero aún así hay debate acerca de la naturaleza del cielo. Es claro que el cielo fue creado por Dios, que es el hogar de las tres personas de Dios —Padre, Hijo y Espíritu Santo— y de sus ángeles, y que es gobernado por Dios.[41] Que está reservado para quienes aman, adoran, sirven y obedecen a Dios, incluyendo a los humanos que creen en Jesús con su Salvador.[42] Es un lugar santo, recompensa para quienes son fieles a Dios a través de su relación con su hijo resucitado.[43] Quienes residen en el cielo sentirán los beneficios de la presencia de Dios: paz, gozo, amor, plenitud y pureza.[44]

En oposición a ciertas enseñanzas, parece que quienes van al cielo reciben un nuevo cuerpo para acompañar a su alma. Ese cuerpo será hecho a medida, para una eternidad en presencia de Dios, y reflejará características únicas de carácter, personalidad y cualidades físicas superiores. Este cuerpo celestial jamás sentirá dolor o enfermedades.[45] Seremos ciudadanos de este nuevo hogar final, disfrutaremos de Dios en toda su gloria y esplendor, ¡y pondremos en perspectiva todas nuestras penas y tribulaciones terrenales![46]

Uno de los puntos más importantes de la Biblia es que nuestro destino final es más importante que lo que logremos durante nuestra vida en la Tierra, y que pasar la eternidad en el cielo debiera ser nuestro objetivo presente. El obtener el derecho de ser ciudadanos del cielo debiera ser nuestra meta más importante en la vida.[47] El hecho de que dicho derecho no pueda comprarse, ganarse u obtenerse de otro modo es increíblemente claro; es solo por medio de nuestra aceptación de la muerte de Cristo por nosotros, que recibimos el privilegio de estar en el cielo para siempre.

¿POR QUÉ IMPORTA TODO ESTO?

Nuestra comprensión del pecado, la entrega, la salvación y el alma tiene gran influencia en nuestra manera de vivir. Por ejemplo, nuestra respuesta al pecado —creer en su existencia, el modo en que lo tomemos en cuenta, nuestro deseo por rechazarlo, nuestra reacción ante la comisión del pecado, nuestra visión de los efectos temporales y espirituales del pecado— están directamente relacionadas con nuestra conducta, nuestro compromiso espiritual y nuestra relación con Dios.

La batalla por las almas

De hecho, el modo en que comprendamos y respondamos a las urgencias y conductas pecaminosas será el factor decisivo en la batalla espiritual que se lleva a cabo por nuestras almas. Toda elección que hagamos le importa a Dios y tiene un efecto personal; tenemos la capacidad de resistir al pecado, y no tenemos excusa para elegir no hacerlo. El comprender la batalla por nuestra alma y nuestro papel en dicha batalla, tendrá impacto sobre el grado de libertad, gozo, victoria y plenitud que sintamos cada momento.

La visión bíblica del mundo aumentará nuestro estado de alerta en la batalla. Según mi observación, cuanto más atentos estemos a la naturaleza, magnitud e implicancias de la invisible batalla por nuestra alma, tanto más cautelosos seremos ante todo lo que encontremos.

No hay accidentes en la vida, no existe la *suerte*, y nada es producto del azar. A pesar de que no tengamos perfecto entendimiento de todo lo que sucede en nuestra vida, podemos tener la certeza de que todo sucede por un propósito, y de que cada acción o elección es importante, como en un juego de ajedrez espiritual. Una vez que comprendemos el juego, a los jugadores y a las apuestas, podemos tener mayor intención en cada movida. Este es un juego "para siempre". Ganar no lo es todo; es lo único.

De hecho, si verdaderamente comprendemos las implicancias de esta batalla, por cierto debemos reconocer la magnificencia del amor de Dios ¿Quién más habría enviado a su único hijo para morir una muerte dolorosa e injusta por gente que no merecía una segunda oportunidad, y mucho menos un viaje gratis a la eternidad?

¿Quién más estaría tan enamorado de nosotros, tan deseoso de una relación intensa con nosotros, como para analizar todas nuestras disfunciones y desarrollar un medio relativamente indoloro para que escapemos a nuestras debilidades? ¿Quién más vería lo bueno en nosotros, lo que ni siquiera nosotros podemos ver, peleando hasta el final para defendernos de un adversario que sin misericordia explota nuestras debilidades? ¿Quién más pondría a nuestra disposición tal amor y cuidado, con la voluntad de esperar a quienes no están interesados, en la esperanza de que cambien en su corazón y reciban a Aquel que los aceptó primero?

Motivación por dar a conocer el amor de Dios

De hecho, si comprendemos todo esto entonces también sabremos cuán horrible sería vivir sin Dios como centro de nuestra vida. No será suficiente conocerlo, o mostrar interés en Él, ni aún temerlo; las Escrituras nos recuerdan que hasta los demonios cumplen con estos requisitos.[48]

No, si percibimos esto correctamente, entonces nos llena un deseo ardiente de responder a Dios de tres importantes maneras: amándolo por medio de la adoración, amándolo por medio de la obediencia, y amándolo al alentar a otros a arrodillarse ante Él.

Sospecho que tenemos relativamente pocos creyentes en los Estados Unidos que se conduzcan con celo en cuanto a la Gran Comisión, precisamente porque hay tan pocos entre nosotros que verdaderamente comprendamos el significado de una vida sin Dios. La mayoría de nosotros, los creyentes, hemos tropezado con su gracia y estamos en general agradecidos por el regalo de la vida eterna, pero aún no hemos absorbido del todo las dimensiones de su amor por nosotros. Quienes sí comprenden el alcance de su amor se sienten sobrecogidos y radicalmente transformados. No solo cambia su visión del mundo, sino que todo en su vida se ve permanentemente alterado por la sobrecogedora magnitud de su amor por nosotros.

Si está secretamente preguntándose si lo entiende —y es perfectamente razonable y saludable preguntarse tal cosa, aún cuando sí la entienda— supongo que el mejor modo para descubrir la respuesta es tratar de definir para qué vivimos. Mientras piensa en lo que ha hecho hoy usted, ¿cuán a menudo estuvo pensando en hacer cosas que conscientemente creyó que honrarían y agradarían a Dios, en oposición a cuántas cosas hizo para satisfacer sus propias necesidades y deseos o los de quienes le rodean?

¿Cuán a menudo respondió intencionalmente a una situación de modo de reflejar su percepción de la vara de medición celestial, en lugar de hacerlo para lograr inmediata gratificación? ¿Cuán a menudo se relacionó su esfuerzo con la maximización de oportunidades presentes, en lugar de almacenar "tesoros en el cielo"?

Vivir en una tierra de gracia barata

Los estadounidenses vivimos en la tierra de la gracia barata; con todo gusto aceptamos la paz con Dios mediante la muerte y la resurrección de Jesús, pero no asumimos responsabilidad por cambiar, porque argüimos que no estamos de acuerdo con ese requisito de antemano, y que encontraremos una ruta alternativa al palacio de Dios. Tan profundamente arraigada está nuestra negación de la realidad —incluyendo a aquellos de nosotros que tenemos la bendición de conocer a Jesús como Salvador personal— que no reconocemos que su terrible muerte en esa cruz de madera fue nuestro portón de entrada al jardín del placer espiritual.

Si estamos decididos a vivir para la gloria y los propósitos de Dios, en lugar de para los nuestros, debemos experimentar el quebranto personal por nuestro historial e inclinación al pecado. Debemos abandonarnos por completo a Dios. En términos prácticos, esto significa dejar de lado nuestra agenda, nuestros sueños y nuestros planes, para escuchar su voz, que nos lleva hacia un futuro muy diferente y alejado de este mundo.

Puede no ser un futuro de pobreza voluntaria como el de la Madre Teresa, o la devoción por predicar el evangelio como Billy Graham. Pero esa vocecita que nos susurra con tal urgencia en medio de la cacofonía cotidiana, nos llevará a transformar cada pensamiento, palabra y acción, de maneras que no serían posibles o plausibles si otro fuera el caso. El resultado —mayor acercamiento a Dios, más santidad, menos egoísmo— es el de quien comprende lo devastador del pecado, la carga de la culpa, la libertad de la gracia de Dios, el gozo de la paz con Dios y la reforma de un corazón y mente renovados.

Si esto es verdad, como sugerí antes, de que nos convertimos en lo que creemos, entonces cuanto más entendamos el poder del pecado, del perdón, del renacimiento espiritual y de la paz y placer permanentes que nos esperan en el cielo, tanto más querremos actuar como Jesús, porque somos entonces capaces de pensar como Jesús. Esta capacidad nos ayudará a encontrar el sentido en la verdad moral, el tema que trataremos en el siguiente capítulo.

Nueve

❧

PREGUNTA 6:
¿QUÉ AUTORIDADES
ESPIRITUALES EXISTEN?

CADA DÍA ES DIFERENTE, pero la mayoría de mis días tiene una cantidad de elementos comunes. Después de despertar con gran esfuerzo tan tarde como sea posible, mecánicamente cumplo con las necesidades matutinas —la higiene, vestimenta, desayuno— y comienzo a pensar cómo ser más productivo durante el día. En la oficina, ciño mi visión a los planes y comunicaciones que determinarán el aparente éxito o fracaso de mis esfuerzos. Después de las horas de trabajo, mi atención se dedica a disfrutar de mi familia, de realizar las tareas hogareñas que sea necesario y de terminar otras cosas como la revisión de correo electrónico, ver los resultados en materia de deporte, para caer rendido en la cama.

En otras palabras, la mayoría de los días ni siquiera me doy cuenta de lo que sucede realmente en mí, alrededor de mí y a través de mí.

Seguro, oro varias veces al día. Por supuesto, hago una pausa antes de tomar decisiones importantes para oír la suave pero inconfundible voz de Dios. Y también incluyo a Dios en mis conversaciones con empleados, clientes y familiares. Pero la mayor parte del tiempo estoy totalmente distraído, e incluso ignorante del fragor de la batalla espiritual dentro de mí. La mayoría de los creyentes viven de esta manera también, sin sentir el severo combate espiritual en su interior.

BATALLAS INVISIBLES

Contrariamente a lo que percibo, el verdadero propósito de mi día no está relacionado con hacer dinero, amar a mi familia, cuidar de mi cuerpo, lograr la felicidad o crecer intelectualmente. Mi vida —y la suya— tiene que ver con el compromiso en la eterna lucha entre el bien y el mal, la confrontación entre la santidad y el pecado.[1] Cada uno de los eventos en mi día es meramente el contexto en el que ocurrirá la siguiente batalla en esta guerra.

Sorprendentemente, mi rol en la guerra le importa a mi Deidad en Jefe, a pesar de que mi contribución personal a la guerra no cambie ni un ápice lo que resulte finalmente. Es solo porque el amor interminable de mi comandante hacia mí hace que mis decisiones en la guerra tengan algún significado.

Así que, cuando interactúo con un colega en el trabajo, hay fuerzas invisibles que compiten por mi atención y lealtad durante la conversación, luchan por influir en mí para que cumpla con lo que se proponen. Mientras escribo el análisis de los datos en una encuesta, hay un tironeo por el control de mi mente en tanto la batalla continúa entre las fuerzas que promueven la verdad y las que promueven el engaño y la distorsión.

Cada vez que entro en una tienda y evalúo la mercadería, hay un forcejeo invisible dentro de mí entre quienes quieren que desperdicie los recursos de Dios y quienes pelean porque los use con responsabilidad. Cuando me extiendo sobre el sillón por la noche para ver si hay algo interesante en la televisión, no es tan al azar mi búsqueda a medida que pasan los canales: hay poderes que luchan entre sí para que elija cierto tipo de programas, por los efectos que su contenido tendrán en mi vida y en mi carácter.

No hay manera de escapar de estos enemigos inmortales que me arrastran al conflicto; me encontrarán dondequiera que vaya, no importa cuál sea mi última respuesta, no importa cuán viejo llegue a ser, no importa cuáles sean mis inclinaciones espirituales en cada momento. Estos ejércitos están luchando en serio, y aunque mi registro de la batalla sea incidental hasta el resultado final —que ya está determinado— cada lado sigue buscando mi adhesión como si su éxito dependiera de que lograran tenerme de su lado. En todo momento, día tras día, estamos en guerra.[2]

LA GUERRA SILENCIOSA

Quienes poseen visiones del mundo que compiten entre sí, querrán que usted crea que este es un conflicto de fantasía, creado por gente con gran imaginación, aceptado por los debiluchos que temen a su propia sombra. Puede resultar atractiva la negación, pero es una receta para la destrucción personal porque somos guerreros en la batalla más larga, inclusiva y continuada de todos los tiempos: la batalla por el afecto espiritual de las personas.

Es la batalla silenciosa, en su máxima expresión, el acecho en su forma más acabada. Los combatientes son invisibles y las armas, poderosas. Hay una inacabable provisión de municiones. Enfrenta a las dos fuerzas más poderosas que existen en una lucha a muerte: el ejército de Dios versus las legiones de Satanás. Extrañamente, somos usted y yo los concursantes finales que entran en el campo de batalla. El premio para el ganador: dominio sobre las almas humanas, autoridad sin límite sobre toda la creación.³

Uno de los elementos más extraños en esta guerra, sin embargo, es que pelearemos hasta el final aunque conozcamos muy bien el resultado. No hay disputa acerca del resultado final: ¡Dios gana! Sabemos que habrá bajas, pero Dios y sus caminos terminarán victoriosos y sus propósitos se cumplirán. Millones de personas —quizá también usted y yo— sangraremos o tal vez hasta moriremos en la guerra, pero Dios se mantendrá campeón indiscutible, imbatible, del universo.

Se nos ha dado libertad para elegir de qué lado estar: en el ejército de Dios destinado a la victoria, o en la banda de perdedores que disfrutan del momento, seguidores de Satanás. No hace falta ser demasiado inteligente para ver que estar del lado de Dios es lo mejor que podemos elegir. Pero aún así, el adversario de Dios es habilidoso; Satanás engaña y seduce literalmente a cientos de millones de personas en el mundo, La convence de rechazar la oferta de Dios del amor eterno y la redención, en favor de la oferta de Satanás, que brinda placer en este mundo. Nos anotamos del lado de Dios cuando recibimos a Jesucristo como nuestro Señor y Salvador y seguimos sus instrucciones para vivir de acuerdo a su voluntad.

Como en toda guerra, no es tarea fácil: el enemigo es ladino, diligente y más capaz de lo que lo somos nosotros, pero si elegimos bien y perseveramos en nuestros esfuerzos por seguir las órdenes de nuestro Líder, disfrutaremos de la victoria con Dios en el cielo. Servimos a un Líder que jamás olvida a quienes le fueron totalmente leales, un Líder cuya naturaleza hace que le sea imposible perdonar a quienes han rechazado su oferta de salvación.[4]

En esta guerra espiritual podemos confiar en perspectivas y promesas que nos da nuestra Deidad en Jefe. Nos dice que aún cuando seamos jugadores clave en la acción de la batalla, no se trata de nosotros; se trata de la voluntad de los líderes en las fuerzas que se enfrentan. Cuando elegimos estar del lado de Dios, no libramos nuestra propia batalla. Somos soldados del ejército de Dios, peleamos su batalla.[5] En consecuencia, debemos pelear la batalla de Dios con sus planes y armas, y confiar en Él para recibir instrucciones y provisiones.[6]

Victoria a pesar de los obstáculos

Dios nos asegura que emergeremos victoriosos si confiamos plenamente en Cristo, demostramos nuestra fe total y nuestra adhesión a Él al vivir una vida de santidad, y si utilizamos los recursos que Él nos provee para mantener a raya los ataques del enemigo. En esta guerra no podemos ganar por nuestra propia fuerza; se requiere de la fuerza del Santo Espíritu de Dios que resida en nosotros y obre por medio de nosotros para vencer los esfuerzos destructivos del eterno enemigo de Dios.[7]

No importa cuán comprometidos estemos a pelear la buena pelea de la fe; de todas manera sufriremos obstáculos y desengaños menores a lo largo del camino.[8] Es de esperar esto, pero no debe hacernos retroceder. Debemos seguir concentrados en la voluntad de Dios, pelear porque creemos tener la verdad y el significado verdadero, mantener la seguridad de que Dios vencerá. La victoria nos llega a través de nuestro compromiso hacia Dios, demostrado por medio de las acciones cotidianas en la batalla en contra del mal, y en nuestra determinación de terminar bien y seguir fieles y obedientes, sin que importe el costo.[9]

A decir verdad, usted y yo estamos en algo que nos excede. No tenemos la inteligencia, ni los recursos ni la capacidad natural para ganar la batalla, así que debemos elegir un lado y pelear por esa causa.[10] Como se nos dio una conciencia sensible, parte de nuestro equipamiento, sabemos de manera innata cuál de los lados es justo y correcto. Pero tenemos la libertad de elegir, sea cual fuere la razón. De todos modos recibiremos refuerzos. Si nos declaramos por las fuerzas del mal, Satanás será nuestro amo y sus demonios dirigirán nuestros pasos. Si elegimos el lado de Dios, nos guiará su Espíritu Santo y nos ayudarán sus ángeles. Y tenemos la autoridad sobre el enemigo a través de nuestra conexión con Jesucristo.[11] El ejercicio de esa autoridad no será fácil, pero la autoridad es real, accesible y puede utilizarse con total efectividad.

EL PERSONAL EN COMBATE

Veamos más detenidamente estos poderes y autoridades invisibles en esta batalla —también invisible— por nuestra alma, y la pelea continua por la supremacía eterna.

El Espíritu Santo

El Espíritu Santo es a la Trinidad lo que Zeppo Marx era a los hermanos Marx: el miembro olvidado del trío. Mencione al Espíritu Santo y la gente asentirá en afirmación, pero pídales que describan la naturaleza y el ser de Dios, y la "tercera persona" será el nombre misterioso, el que menos se toma en cuenta.

No nos equivoquemos, sin embargo: el Espíritu Santo es Dios.[12] Es por medio de esta forma que Dios está presente con nosotros, que cumple su nueva alianza con nosotros, y que sigue influyendo en el mundo para atraernos hacia Él.[13] Las Escrituras confirman que el Espíritu Santo posee todas las cualidades de carácter que identificamos como de Dios: omnipresencia, omnisciencia, santidad, y todo lo demás.[14] Si comprendemos la naturaleza y propósitos de Dios, entonces comprendemos la naturaleza y propósitos del Espíritu Santo. Es el Espíritu quien permite que experimentemos la voluntad, la guía, las cualidades y el reino de Dios de diversas maneras.

Si percibimos que Dios es el fundador creativo del universo, quien "está a cargo", y que Jesucristo es el Hijo enviado para rescatarnos de nosotros mismos, es el Espíritu Santo quien nos da el poder y la capacidad de vivir según nuestra promesa espiritual. ¿Cómo lo hace? Viviendo dentro de nosotros y expresándose por medio de nuestra conciencia, sueños, visiones, milagros, sanaciones y lenguaje, todo medio que llame nuestra atención y que transmita su santo deseo para nosotros.[15]

Dios quiere que todas las personas de la tierra tengan su Espíritu en sus corazones, pero este solo puede entrar en quienes han confesado sus pecados y su incapacidad, y han pedido su perdón, aceptación y poder, disponibles por medio de Jesús.[16] Una de las funciones primarias del Espíritu es la de revelar los parámetros de Dios, haciendo que veamos nuestros pecados, y llamándonos a cambiar y buscar su perdón.[17] El Espíritu es el regalo de Dios para los amados, la confirmación de su aprobación, protección y provisión.[18]

Los regalos que nos da el Espíritu Santo son abundantes. La Biblia los identifica como bendiciones: nueva vida, poder, gozo, verdad, inspiración, protección, consuelo, amor, dirección, paz, bondad, sabiduría, ayuda, fuerza y capacidades sobrenaturales.[19] Tómese el tiempo de pensar en cada uno de estos regalos dados a nosotros por medio de la actividad del Espíritu, y maravíllese ante cuán magníficamente Dios cubre nuestras necesidades y protege nuestros intereses.

El Espíritu también revela los planes de Dios para que podamos ser obedientes y estemos lo suficientemente bien equipados como para servirlo.[20] El Espíritu ora por nosotros, como intercesor y en confirmación de nuestros pedidos y alabanza, conversa con Dios Padre de maneras que no podemos comprender ni imitar.[21]

Y aún así, hay muchas personas que se resisten al Espíritu Santo.[22] Algunas lo hacen por medio del pecado persistente, otras negando su existencia, y otras aún mostrando obstinado desinterés en Dios y en sus propósitos. El Espíritu jamás obliga a nadie a recibirlo, pero tampoco sufrirá el insulto de los necios. De hecho, el único "pecado imperdonable" mencionado en las Escrituras es el de apenar al Espíritu Santo, interpretándose como el repudio, el rechazo o el insulto a Jesucristo.[23] Después de lo que soportó Jesús por cada uno de nosotros, el denigrar su supremo acto de amor es la gota final que echa a las personas como enemigos eternos de Dios, un acto sellado mediante el abandono de parte del Espíritu Santo.

Para ganar la batalla espiritual debemos tener a Dios de nuestro lado. Por medio de la presencia de su Espíritu Santo en nosotros, que entró en nuestro corazón al admitir y confesar nuestros pecados y al decidirnos a amar a Dios con todo nuestro corazón, con toda nuestra mente, con todas nuestras fuerzas y con toda nuestra alma, tenemos el poder de ser transformados y de ser presencia transformadora para gloria de Dios en el mundo.

Los ángeles

A los estadounidenses les gustan mucho los ángeles, o las caricaturas humanizadas que creen representar ángeles. Los ángeles de los que habla la Biblia son muy diferentes. A pesar de que tenemos algo en común con ellos, tanto los ángeles como los humanos somos creados por Dios y existimos para amarlo, obedecerlo y servirlo, y allí terminan las similitudes.[24]

Los ángeles nos precedieron en la saga de la creación y claramente sobrepasan las capacidades humanas en muchas áreas.[25] Sin embargo, como fueron creados expresamente con el propósito de adorar a Dios, pareciera que su alabanza no le satisface del todo; desea el temor y el respeto de seres que tengan más rango de opciones, que decidan libremente adorarlo y glorificarlo. Su adoración sí le agrada, y continúan junto a Él cumpliendo su voluntad en el reino celestial o aquí en nuestro planeta.[26]

La Biblia hace numerosas referencias a la aparición e influencia de los ángeles. Se les describe como numerosos, perfecto y santos, poderosos y criteriosos.[27] Se regocijan cuando los pecadores se arrepienten de su necedad y eligen la vida santa, y dedican la mayor parte de su existencia a alabar a Dios.[28]

Normalmente no pensaríamos que los ángeles son discutidores o autoritarios, pero Dios a veces elige utilizarlos de este modo. Hay muchos ejemplos en los que estos seres sobrenaturales han enfrentado, guiado, advertido o cuidado a ciertas personas.[29] A veces su presencia o impacto en una vida lleva directamente a que la persona decida seguir a Cristo.[30]

Los ángeles afectan nuestras vidas de maneras significativas pero indetectables. Por ejemplo, Dios los envía para mandar mensajes, para protegernos, para equiparnos para el éxito y la resistencia, y para alentarnos y consolarnos.[31] Los ángeles nos dan la comprensión, la sabiduría y el discernimiento necesarios para tomar las decisiones correctas.[32] En el proceso a veces nos revelan el futuro; si tenemos la sabiduría y el coraje de capitalizar tal revelación ¡es otro asunto![33] Estos espíritus han dado ayuda física y fuerza cuando se la necesitó, en muchos casos.[34] Y los niños, que claramente tienen un lugar especial en el corazón de Dios, tienen ángeles especiales —los proverbiales "ángeles de la guarda"— que aseguran su seguridad y desarrollo.[35]

La tarea de un ángel con los humanos no es siempre diversión, ni tranquilidad. La Biblia señala que Dios utiliza a los ángeles para evitar que actúe el mal, para destruir a quienes impedirían el plan de Dios o bloquearían sus propósitos, y para castigar a quienes persisten en hacer el mal.[36] Durante los tiempos finales, Dios utilizará ángeles para separar a los buenos de los malos, para que cada uno pueda tener la conclusión que le corresponde.

Y aunque pueda parecer que los ángeles no obtengan el crédito que merecen por su valiosa intervención, sí parece que por lo general no actúan por voluntad propia, sino que son enviados por el Señor para hacer su voluntad.[37] El resultado final para los creyentes, sin embargo, es siempre el mismo: siempre terminaremos mejor gracias a su intervención en nuestras vidas.

Satanás

Si el universo creado consistiera únicamente de Dios Padre, su Hijo Jesús y el Espíritu Santo y los ángeles, ¡qué experiencia gozosa y sin preocupaciones tendríamos! Desgraciadamente, la contraparte de la santidad y pureza de Dios se regodea en este mundo creado mediante el liderazgo de un ángel caído que conocemos como Satanás. Durante miles de años el malvado ha sido la espina en la carne de la humanidad, a pesar de que cuando Dios esté dispuesto, la presencia de Satanás será eliminada de la experiencia de los creyentes.[38]

Satanás era uno de los ángeles creados por Dios para alabarlo eternamente. Sin embargo, parece que los ángeles tienen la suficiente libertad y carácter como para torcer sus caminos.

Como vimos en el capítulo 8, Satanás lideró una rebelión en contra de Dios. El ángel orgulloso pensó que merecía más alabanza que Dios y que podría vencer al Creador. Obviamente, Satanás se sobreestimó a sí mismo y subestimó a Dios, y como resultado fue echado del cielo —dio sentido a la expresión "el orgullo precede a la caída"—.[39]

Dios le dio a Satanás el derecho de gobernar la Tierra durante un período de tiempo.[40] El malvado utiliza esta oportunidad para atacar a las personas, especialmente a los cristianos, con la esperanza de robárselos a Dios y atraer una cantidad suficiente de seguidores como para eventualmente destruir el reino de Dios.[41] Si Satanás tuviera esperanza real de vencer a Dios, sin embargo, dicha esperanza ha sido borrada por completo con la resurrección de Jesucristo, que probó que es Señor, con poder sobre el pecado y la muerte.[42]

Dios mantiene el control y la autoridad sobre Satanás en todo momento, pero permite que el ángel caído ponga a prueba y perfeccione la fe de las personas. Satanás tiene capacidad limitada y no puede hacer nada sin permiso de Dios. Después de todo, no es una deidad.[43] Por ejemplo, aún cuando Satanás sea mucho más astuto que nosotros, no es omnisciente, y por ello es incapaz de prever el futuro o de leer nuestra mente. Como ser espiritual, cubre mucho terreno y muy rápido, pero a diferencia de Dios, no es omnipresente.[44] Su efecto en nuestras vidas es mayormente el resultado de actuar estratégicamente y con coraje, confiando en su arte, en su increíble talento por engañar y desarmar a las personas, y en odiar profundamente a la verdad.[45]

Su impacto se ve magnificado por su naturaleza extrema: es completamente malvado, totalmente hostil a todo lo que Dios ha creado, y absolutamente sin misericordia en sus ataques a las personas.[46] A pesar de que la muerte y la resurrección de Jesucristo fue un golpe impactante, si no terminal para sus planes, Satanás sigue concentrado en su objetivo de derrotar a Dios y derrocarlo de una vez y para siempre. Ve a los seres humanos como vehículos que puede utilizar para hacer que Dios caiga de rodillas ante él.

Las estrategias de Satanás para debilitar a las personas son bien conocidas, pero aún así, tan brillantemente ejecutadas que siguen siendo efectivas hoy, después de tantos milenios. Puede crear duda acerca de Dios y sus mandamientos; es soberbio para distorsionar las Escrituras. Es un mentiroso de primera clase, y nos tienta con fascinantes aventuras en las tinieblas, como lo oculto y la brujería.[47]

Uno de los secretos de su éxito para hacer que tropecemos es su perseverancia, ¡no se da por vencido![48] Quizá sea porque se da cuenta de que pelea una batalla que finalmente perderá, pero igualmente quiere hacer que caiga la mayor cantidad posible de amados de Dios.

Algunas personas desafortunadas caen presa de la posesión satánica. Hasta que apareció la película *El exorcista*, en 1973, como espectáculo nacional la posesión —estar bajo la total influencia del diablo— no se conocía tanto ni se mencionaba en público. Pero es real, y está bíblicamente documentada. Cuando Satanás elige poseer a alguien, puede causar increíble dolor, sufrimiento y pérdida de control.[49]

Por lo general, sin embargo, los métodos de Satanás son muchos menos dramáticos que la posesión. La seducción es una de sus tretas favoritas. El registro bíblico, por cierto confirmado por la historia humana, sugiere que las tentaciones sexuales son su medio favorito para destruir las vidas de las personas. Pero es capaz de usar, y está dispuesto a hacerlo, todo tipo de tentación que lleve al pecado y la degradación personal.[50] Su método consiste en probar y probar, hasta que encuentra una debilidad. Luego utiliza ese punto débil para tener dónde apoyarse en la vida de la persona. Desde allí expande su influencia maléfica.[51]

Actor eximio, imita a Dios siempre que le sea posible —se presenta como un "ángel de luz" para engañar a la gente— y trata de hacerles hacer lo que está en contra de la voluntad de Dios, pero presentándolo como en coherencia con los deseos de Dios.[52] Los diversos nombres con los que se lo conoce en las Escrituras, lo describen perfectamente: el acusador, príncipe de los demonios, el malvado, padre de las mentiras, engañador.[53]

Los estadounidenses minimizan la malvada naturaleza de Satanás, porque tendemos a ser relativamente desapasionados, resultado de que Satanás nos atrajera a la complacencia y la comodidad en casi todo en la vida. La mayoría de los estadounidenses no comprenden la intensidad de la naturaleza malvada del diablo. En términos espirituales y morales, la Biblia es inequívoca: Satanás es el polo opuesto a nuestro Dios amoroso, santo y que perdona. Piense en la persona más venenosa, odiosa y mala que pueda imaginar, y sepa que solo ve la cáscara exterior de lo intensamente vil y maligno que es Satanás.

Mientras ubicamos nuestra mente en la naturaleza de la batalla espiritual y de los combatientes centrales, debemos recordar que esta batalla no es por nosotros. Estamos atrapados en el cruce de fuego entre el bien y el mal. A Satanás no le importa nada de nosotros: somos solo un medio para su fin imposible. Solo Dios se preocupa por nosotros como para asegurar que tengamos la autoridad y las vías necesarias para escapar de las garras de esta despreciable criatura.

Los demonios de Satanás

Como el poder y la capacidad de Satanás son limitados, debe servirse de demonios —otros ángeles caídos que se le unieron en rebelión contra Dios— para que le ayuden a lograr sus objetivos. Los demonios estuvieron destinados a un mal fin desde el comienzo. Seguidores de un líder fatalmente impuro, y en número muy inferior a los ángeles de Dios, su vida ha sido tortuosa desde su desgraciada salida del reino celestial.

Así como hay algunos ángeles más fuertes o poderosos que otros, parece que también hay demonios formidables pero en versión menos poderosa que su anterior par y presente líder — Satanás—. También pueden habitar personas, y cuando lo hacen inflingen tortura y dolor.[54] Imitan a su líder, enseñando falsedades y engañando a las personas con trucos y milagros.[55] Pero, igual que su líder, están destinados a la derrota y a pasar lo que queda de la eternidad con él en el infierno.[56]

Se nos ha dado a los creyentes el poder de dominar a los demonios si nos apropiamos del poder de Dios, y atamos o echamos a los demonios en el nombre de Jesucristo.[57] Igual que Satanás, los demonios no tienen fuente independiente de poder o autoridad; solo pueden hacer lo que Dios les permite, pero siempre están sujetos a su autoridad, mandamientos y nombre.[58] Jesús les enseñó a sus seguidores que tienen el poder de echar demonios si lo hacen del modo adecuado. De hecho, demostrar el poder de Dios sobre los demonios es uno de los caminos que han llevado a muchas personas a Cristo a lo largo de los años.[59]

Los demonios no pueden separarnos del amor de Dios ni de su plan; solo nosotros podemos elegir desobedecerlo o apartarnos de su voluntad. Pero sí pueden los demonios hacer todo lo posible por convencernos para que nos unamos a ellos en su rebelión en contra de Dios. Su éxito depende enteramente de nuestra voluntad por rechazar a Dios, y a sus planes.[60]

Del mismo modo que hemos caricaturizado a los ángeles, hemos minimizado la amenaza de los demonios también. Pero no nos equivoquemos: los demonios son poderosos, malos, inteligentes, espíritus llenos de estrategias, que buscan destruirnos. Ese es su trabajo, la razón de su existencia y el único resultado que su líder acepta.

IMÁGENES DE LA GUERRA

¿Se ha formado usted una imagen mental de la guerra invisible que define y abarca su vida? En cierto modo, la guerra es una broma, porque pone el Rey más imbatible, poderoso e incansable de la historia toda —Dios— frente al egoísta falto de poder, con un ejército mucho más reducido compuesto por nómades perdedores —Satanás. No hay igualdad de bandos aquí. Ni hay siquiera una pequeña esperanza de que el malvado pudiera repetir la hazaña de David contra Goliat. Esta guerra terminó antes de comenzar. Por definición, por historia y por todo otro medio que se nos ocurra, nadie puede vencer a Dios. Nadie.

Pero la historia de la guerra nos enseña una lección importante: cuando los enemigos derrotados sienten que no tienen nada que perder, o se rinden inmediatamente para salvar el vestigio de su miserable existencia, o se empecinan con amarga resolución y buscan hacer caer a la mayor cantidad posible de personas. Usted y yo somos estos inocentes, atrapados en el cruce de fuego. Satanás y sus demonios saben que no pueden derrotar a Dios, pero también saben que pueden apenar su corazón, arrancándonos de su lado durante un minuto, un día, un año o quizá toda la eternidad, haciendo que pequemos. Como escribió Pablo, nuestra única esperanza está en utilizar el equipo protector que Dios nos ha dado: las Escrituras, la oración, el compromiso, la verdad, la fe y el poder del Espíritu Santo.[61]

ELIJAMOS CON CUIDADO: ALLÍ RADICA LA DIFERENCIA

Comprender la naturaleza de Dios y de los demás actores en este eterno escenario subraya el hecho de que esto no es un juego religioso, ni un deporte de los domingos: vivir la fe en medio de esta guerra es un desafío de veinticuatro horas, siete días a la semana, y una lucha para los espíritus involucrados. Como lo dijo un pastor durante su sermón:

—Dios tiene un reloj de la mejor calidad, sin agujas.

Ni Él ni los demás seres celestiales llevan cuenta del tiempo; para ellos, solo importa el resultado final, y solo Dios sabe cuándo acaba el tiempo.

Comprender esta batalla eterna también nos hace humillar a los estadounidenses, ¡porque *no* somos el centro de la guerra! Seguro, Dios nos ama mucho y hará todo lo que esté en su poder por alentarnos a pelear según sus reglas y para sus propósitos, pero no importa desde qué ángulo lo veamos, no somos actores centrales en una producción épica. Necesitamos conocer nuestro lugar en el gran esquema, y con agradecimiento y aplicación cumplir con nuestro papel —"pecadores buscando gracia, santidad y servicio"— al pie de la letra.

Una perspectiva eterna

Entre otras cosas, esto puede servir para reducir gran parte de la tensión y la presión que sentimos respecto de nuestra vida. Nuestra tarea nos ha sido asignada por Dios, y lo honramos al hacer todo con excelencia, se trate de confeccionar pronósticos de presupuesto, o de llegar a ser el empleado del mes, pero la calificación habitual como empleados no puede compararse con el modo en que cumplimos nuestra responsabilidad en el gran escenario del bien contra el mal. El nivel de comodidad que obtengamos puede parecernos mucho mientras vamos viendo por el vecindario las casas o automóviles de nuestros vecinos, pero un segundo después de morir, esta información se pierde para siempre, y otros asuntos más importantes ocupan el lugar de prioridad. Puede parecernos un desafío el competir con colegas, o el mantener nuestro cuerpo en estado atlético, pero recibimos nuevos cuerpos y una mejor agenda de contactos cuando nuestros viejos cuerpos dejan de respirar.

Si nuestro propósito es el de amar, obedecer y servir, y si reconocemos nuestro lugar en la eterna batalla por las almas y la adhesión a uno de los dos lados, entonces nuestras "grandes" crisis autoimpuestas empalidecen y se olvidan, tan rápido como aparecieron.

La perspectiva es todo en nuestro proceso de desarrollo de una visión del mundo. En este proceso, no dejemos de reconocer qué terrible enemigo es Satanás. Es real, pero su carácter y sus objetivos hacen que Saddam Hussein, Osana ben Laden, Idi Amin y Adolf Hitler parezcan niños de pecho. Es el villano máximo, el epítome de la maldad, la quintaesencia de la desobediencia a la ley. Y viene por nosotros. Debemos sentirnos asustados —muy asustados— a menos que nos hayamos entregado por completo al Señor de la creación. Y aún entonces, Dios nos advierte para que nos mantengamos alertas y preparados para rechazar los inevitables avances de Satanás.

UNA APRECIACIÓN DE LO QUE HIZO JESÚS

Estudiar la historia, naturaleza y propósitos de Satanás ha causado que renueve mi apreciación por lo que hizo Jesús al llevarse mis pecados y erradicar el poder de Satanás sobre los pecadores que se arrepienten ¿Qué esperanza tendríamos sin Él? ¿Qué detendría al malvado, de conseguir su deleznable propósito para siempre?

El llegar a comprender la alternativa ha restaurado parte de la gratitud que había perdido, y mi compromiso hacia Jesús por su muerte, su sacrificio por mí. Tiemblo al pensar dónde estaría yo sin este mecanismo de salvación. Y sigo temblando cuando pienso en las vidas de familiares y amigos que habitualmente lo rechazan, sin reconocer la abominable opción que han aceptado por descarte.

Nuestro adversario nos odia, y hará todo lo posible por atormentarnos y hacernos pedazos. Sepamos que lo menos que hará será buscar nuestras debilidades para explotarlas con toda diligencia.[62] ¿Hasta dónde está usted comprometido en identificar estas debilidades y confiar en la gracia y el poder de Dios para fortalecer estar áreas vulnerables? A menudo, cuando perdemos terreno es a causa de debilidades en nuestro carácter, pero también debemos examinar la pureza de nuestra fe, la profundidad de nuestro compromiso, la sumisión de nuestra voluntad a Dios, nuestra devoción por amar y servir a otros, y demás.

Si hay un eslabón débil en nuestra cadena —y lo hay, claro— entonces Satanás lo descubrirá y atacará. Esté listo para responder como Dios recomienda: mediante el estudio y la aplicación de su palabra, con oración y con plena confianza en el poder del Espíritu Santo para rechazar el ataque.

Cada elección que hagamos importa. Podemos aumentar nuestras posibilidades al permitir al Espíritu Santo que vive en nosotros —si somos genuinos discípulos de Jesús— para que haga el trabajo más pesado.

Podemos confiar en que Dios utilizará a su Espíritu y sus ángeles para protegernos de los ataques que estén más allá de nuestra capacidad de defensa. Y podemos confiar que hasta que lleguemos a residir en el cielo, Satanás y sus secuaces continuarán atacándonos, hora tras hora, de manera grande o pequeña, abierta o encubierta. ¿Por qué? Porque estamos inextricablemente envueltos en la guerra que terminará con todas las guerras, entre los dos más poderosos y feroces enemigos. ¿Hasta qué punto tiene acabado su entendimiento de lo que está en juego, de los actores, de sus posiciones, de nuestro papel y de nuestras oportunidades?

Diez

Pregunta 7:
¿Qué es la verdad?

EL ENTENDIMIENTO DE LA VERDAD MORAL es la base de las diferentes visiones del mundo. Para los nihilistas, no hay verdad moral, y las actitudes o conductas emergen a partir de esta afirmación. Para los posmodernistas, toda verdad es relativa a la persona y las circunstancias, lo que da como resultado actitudes y conductas egocéntricas, en torno al propio ser. Para los panteístas, cada individuo es la personificación única y completa de la verdad, lo cual lleva a una vida que se caracteriza por el exceso de confianza en uno mismo y el consecuente egocentrismo. Pero para los cristianos, hay verdades morales absolutas que no deben ser violadas, porque al hacerlo se ataca el carácter y los propósitos de Dios, que es fuente y juez de toda verdad moral. Adoptar las verdades de Dios da como resultado una vida con significado; rechazar sus verdades solo puede dar como resultado el castigo.

Toda visión del mundo se basa, entonces, en su concepto de verdad moral. Los estadounidenses no parecen estar tan preocupados por la verdad y la moralidad personal, tanto como lo están por la comodidad física, la seguridad emocional, la imagen personal y los logros materiales. Pero cada decisión que tomamos se relaciona en última instancia con nuestra percepción de la verdad. Y como la verdad refleja que lo que creemos es indiscutiblemente cierto, nuestra noción de la verdad está en el corazón de nuestro entendimiento de la realidad, y nuestra respuesta ante ella. En otras palabras, para que una visión del mundo nos haga encontrar sentido a la realidad basada en nuestro entendimiento del propósito, el valor, la rectitud y el significado de todo, deberá especificar lo que es la verdad —o, por el contrario lo que no lo es.

LA APLICACIÓN DE LA VERDAD

En mis cursos de filosofía en la universidad, la verdad era un ideal abstracto sobre el que debatíamos sin sentido de que pudiera haber un parámetro absoluto que aceptar. Nuestro interés era el de un ejercicio mental, en lugar de ser una ruta hacia la sabiduría y el discernimiento basados en la real comprensión de la eterna importancia del tema. Tanto si terminaba el debate a favor de Sócrates, Nietzsche, Sartre, Descartes, Locke o Marx, quedábamos convencidos de que no podía haber absolutos morales en vista de la naturaleza humana y de las realidades del mundo. Nuestras conclusiones se basaban a menudo no en cuán persuasivo hubiera sido el argumento de alguien en cuanto a una posición, ni en respuesta a lo acabado de la inclinación personal de quien hablaba respecto de su perspectiva. En mi experiencia, las universidades de hoy quizá se inclinan más por llevar a los estudiantes a la conclusión de que la verdad moral absoluta no existe. Era yo uno de los millones de estudiantes sinceros y convencidos, engañados en esta creencia sostenida durante este último cuarto de siglo.

Lejos estaba de ver que esta posición produce un efecto dominó. Fue sino hasta muchos años más tarde —después de recibir a Cristo y pasar muchas horas leyendo y reflexionando sobre la Biblia— que pude unir todas las piezas más inteligentemente. Finalmente me di cuenta de que si no hay tal cosa como la verdad moral absoluta, no puede haber tampoco bien ni mal. Sin bien ni mal, la idea del pecado no tiene sustento, porque supone que se ha violado o desobedecido un parámetro. Si el pecado no existe, entonces quitamos de en medio la idea de juicio y condena. Quitemos estos elementos de la discusión, y también borramos la necesidad de encontrar un salvador, porque no hay nada de qué salvarnos, ni consecuencias que debamos evitar. Sin la existencia del pecado y sus ramificaciones, la muerte y resurrección de Jesucristo son históricamente insignificantes y personalmente vacías.

Como podrá imaginarse, el llegar a este punto hizo que me encontrara frente a una encrucijada en mi fe. ¿Es Jesús realmente el Salvador de la humanidad? ¿Es cierto que Dios nos pide rendir cuentas por nuestras acciones? Y si es así ¿sobre que base será? ¿Hay algo de lo que haga yo en mi vida que tenga importancia alguna? ¿Cómo puede uno saber lo que es verdad?

LA BASE DE LA VERDAD

Como creyente en Cristo y siervo de Dios, mi visión del mundo se basa en la Biblia. Pero al debatir con quienes adhieren a visiones alternativas —o con quienes simplemente quieren criticar la visión bíblica— la conversación suele llegar a la cuestión de lo que cada uno de nosotros considera la base de la verdad, la fuente de conocimiento relacionada con estos elementos. Inevitablemente —y claro, con toda lógica— los cristianos deben poder defender la autoridad y confiabilidad de la Biblia como documento que registra la verdad de Dios.

La Biblia es única en muchas maneras. Primero, afirma ser la revelación directa de Dios para nosotros respecto de sus valores, principios y expectativas.[1] Segundo, las palabras de la Biblia provienen directamente de Dios, escritas por personas específicamente instruidas por Dios en relación al contenido.[2] Si bien la personalidad, historia y contexto de cada autor se evidencia en sus escritos, la sustancia provino de Dios. Tercero, como son las palabras de una deidad que siempre es exacta y verdadera, el contenido representa la verdad para la humanidad.[3] Y finalmente, las Escrituras tienen autoridad porque nos presentan las palabras de Dios; es decir, son las palabras de Aquel que reina por sobre quienes Él ha creado, y cuyos mandamientos deberán cumplirse precisamente del modo que Él lo desea.[4]

Preguntas acerca de la Biblia

Los que objetan con conciencia —y hay muchos entre ellos que sienten una disposición favorable hacia el cristianismo— suelen presentar preguntas y preocupaciones válidas respecto de la Biblia. Por ejemplo, algunos críticos observan que un principio bíblico podrá ser abusado si se lo utiliza de modo que no coincida con la intención de Dios. Esta es una objeción razonable. Las palabras de Dios, si bien son poderosas y verdaderas, deberán interpretarse dentro del contexto para el que han sido otorgadas. De hecho, si la Biblia contiene la verdad, entonces no hay necesidad de adornar la información, porque hablará por sí misma, según Dios lo determine.

Otra preocupación es que no tenemos los manuscritos originales de la Biblia, y que por ello no podemos confiar en el texto que hoy llamamos Biblia. Esto sería de veras un problema si no fuera por la escrupulosa manera en que se copiaron y preservaron los antiguos manuscritos, todo esto efectuado por escribas en la antigüedad. Los textos originales se consideraban documentos santos y debían mantenerse con precisión para pasarlos a las generaciones siguientes. Por ello, surgió una categoría de "súper escribas" cuya única vocación en la vida era la de preservar perfectamente el contenido de los documentos originales.

Como la Biblia se registró originalmente sobre materiales perecederos, este arduo proceso de copiado a mano continuó durante siglos. Para salvaguardar la exactitud del material, las copias se verificaron más exhaustivamente de lo que podemos imaginarlo. Cada letra, cada sílaba, cada palabra y párrafo se contaron, verificaron y luego reverificaron muchísimas veces, contando con la colaboración de diversos especialistas en control de calidad.

Además, como la Biblia era algo que se consideraba tan especial, se hicieron numerosas copias exactas para que el contenido pudiera ser leído por personas en muchos lugares. El resultado es una sorprendente cantidad de copias que sirven para verificar la coherencia y exactitud de las copias, efectuadas a lo largo del tiempo. Los estudiosos que analizaron el proceso de preservación no tienen dudas acerca de que lo que sobrevivió a los siglos, hasta el advenimiento de la imprenta y la subsiguiente distribución en masa, no deja lugar al cuestionamiento sobre la exactitud del contenido.

Una preocupación que acosa a varios observadores se relaciona con la autoridad de la Biblia. Un documento puede proclamarse a sí mismo como verdadero, o como obra de un autor en especial, pero la autenticidad no descansa únicamente en dicho reclamo. ¿Existe evidencia razonable para afirmar que la Biblia contiene las palabras dichas por Dios?

Desde que se escribieron los manuscritos originales, hubo comunidades judías y cristianas que afirmaron que la Biblia proviene directamente de Dios. Esta cadena ininterrumpida, que durante siglos ha respaldado la veracidad de la Biblia, apoya su autenticidad. Otros observan que las personas inspiradas por Dios para escribir las palabras que aparecían en las páginas como palabras de Dios, no dudaron en ningún momento acerca de que el contenido provenía de Él.

Lo que hace más impactante esta afirmación de autenticidad, por supuesto, fue que el contenido escrito por el escriba elegido por Dios, a menudo requirió un altísimo costo personal. Los escritos de los profetas son un ejemplo acabado: duras críticas, amenazas, castigos, gobiernos en contra, prisión, destierro e inclusive, la muerte. Solo quienes estaban absolutamente convencidos de que Dios los llamaba a comunicar dichos mensajes, sentían el impulso de hacerlo y comprometerse. También muchos autores de los libros en la Biblia apoyan la autenticidad de los demás autores, los citan como representantes responsables de las palabras de Dios.

Una de las sustanciaciones más impactantes de la autoridad de la Biblia, sin embargo, es que posee los atributos de lo que los estudiosos llaman "elementos de verdad". Por ejemplo, la Biblia es internamente consistente, coherente y unificada en sus principios y afirmaciones. También hay enorme coherencia transversal entre los escritores y los siglos durante los cuales se escribieron los diversos libros, en los que aparecen las historias.

Sumando a esto, el hecho de que la información permanezca con tal dignidad, sustancia e importancia para todas las culturas del mundo, tantos siglos después de que haya sido escrita, habla de la sabiduría universal, atemporal de su Autor.

Jesucristo da su apoyo a la Biblia

Personalmente, el argumento más convincente es que Jesucristo enseñó que la Biblia es la Palabra de Dios, con toda su autoridad, para la humanidad. Al apoyar el valor y veracidad de las Escrituras, Jesús nos da la confianza plena que necesitamos para creer en la autenticidad, autoridad y verdad de la Biblia.

¿De qué manera demostró Jesús su apoyo a la Biblia? En sus enseñanzas con frecuencia citaba pasajes del Antiguo Testamento, o basaba sus lecciones en historias contenidas en dichos libros. Cuando debatía con maestros y líderes religiosos, solía llevarlos hacia las Escrituras, se apoyaba en la autoridad de la palabra. Como resultado, estos resentían el hecho de que se los confrontara con los textos, pero no podían contradecir su sabiduría, ni desafiar la fuente.[5] Lo más convincente es que Jesús vivió en estricto cumplimiento de la Ley y los principios relacionados con esta, y así demostraba el lugar que las Escrituras tenían en su mente y en su corazón.

Debemos conceder que Jesús no dio consentimiento directo a la verdad del Nuevo Testamento, dado que estos libros se escribieron varias décadas después de su resurrección. Sin embargo, sí tuvo participación directa en el desarrollo de los mismos, pues asignó a los discípulos que los escribieron y les dio la sabiduría, la experiencia y la autoridad para hablar en su nombre.

Todo esto, sumado, indica: que cada uno de los apóstoles fue llamado por Jesús, que tenían experiencia de primera mano en cuando a la vida y ministerio de Jesús, que estaban llenos del Espíritu Santo que les proveía la sabiduría y el poder de Dios para concretar esta increíble función, y que se veían afirmados en su autoridad espiritual por el resto de la iglesia en su tiempo.

Una Biblia para todos los tiempos

Algunos críticos de la Biblia argumentan que parece improbable que un Dios eterno, omnipotente y santo recurriera a un medio de comunicación tan simple y poco confiable como la palabra escrita. ¿Por qué no utilizar un medio más sofisticado para comunicarnos su palabra?

Piense en la imagen completa. Sabemos que Dios existía ya antes de que apareciera la humanidad, y que creó un mundo que parecía incompleto. Llenó este vacío aparente, y para ello creó a los seres humanos. Hizo a las personas específicamente para que tuvieran una relación con Él. Y como quería que lo amaran con sinceridad, no podía crearnos de manera que estuviéramos obligados a hacerlo; nuestra respuesta a Él debía ser libre, porque de otro modo el amor que recibiera no tendría sentido, no sería especial. Pero al darnos la capacidad de tomar decisiones morales, nos dio la oportunidad de elegir el pecado en lugar de la santidad. Para que pudiéramos manejar nuestras malas decisiones y comprender el contexto de nuestro pecado, decidió darnos un libro de guía que explicaría su intención original. Lo que eventualmente sucedió es esto, por lo cual tenemos la posibilidad de restaurar nuestra posición en la vida.

De este modo, Dios tomó la iniciativa de asegurarse que la gente de todas las razas tuviera acceso a sus pensamientos y principios. Lo hizo porque desea relacionarse con nosotros, pero no puede haber relación sin comunicación. En su omnisciencia, Dios reconoció que el tener documentación escrita con sus leyes, mandamientos y principios, sería muy superior y más permanente que contar con el método de enseñanza de entonces —la comunicación oral— u otros medios exclusivos a Dios —visiones, sueños, etc.

He oído decir que si la Biblia fuera verdaderamente el mensaje de Dios para nosotros, Él habría actualizado tanto el mensaje como el vehículo de transmisión para que reflejaran nuestros tiempos modernos y se vieran más importantes. Dios no lo ha hecho, sin embargo, porque su mensaje ha mantenido su importancia en todas las épocas a lo largo de la historia. Su verdad es universal y atemporal. Podría, claro, hacer que nos llegara por medio de CD-ROMs o DVDs y videos, con solo pronunciar la idea, pero ¿para qué lo haría? La palabra escrita ha sido el corazón de la comunicación humana durante milenios, y sigue estando en el centro de la difusión de información aún hoy. Él no ha cambiado el mensaje porque continúa siendo más accesible que nunca, su contenido sigue siendo perfecto, con poder de cambiar vidas, y sus seguidores han traducido estas palabras escritas a toda otra forma de comunicación conocida por la humanidad. Quizá esto nos brinde una lección inesperada acerca de la influencia: si lo que hemos creado funciona, entonces ¿para qué meter mano en ellos?[6]

LOS COMENTARIOS DE LA BIBLIA EN CUANTO A LA VERDAD

Poncio Pilato, el gobernador romano que facilitó la ilegal muerte de Jesús, escuchó los cargos de los líderes religiosos en contra de Jesús de Nazaret, pero no fue capaz de persuadirlos de que manejaran el asunto sin su intervención. A regañadientes, hizo que el líder nómada fuera traído ante Él. Luego de un breve intercambio, el Salvador encadenado explicó su propósito: "Vengo a traer la verdad al mundo. Todos los que aman la verdad reconocen que lo que digo es verdad". Mostrando su desinterés por el asunto, Pilato respondió con sarcasmo, "¿y qué es la verdad?" antes de entregar a Jesús a los guardias para su crucifixión.[7]

Pilato no fue el primero —ni el último— ser humano en cuestionar el significado, el contenido o el valor de la verdad. A lo largo de la historia, filósofos, teólogos, jueces, líderes políticos y educadores han luchado con este tema. Y esta es una pregunta molesta: ¿qué es *la* verdad? La Biblia —demos gracias por ello— habla abundantemente sobre el tema. ¿Qué nos dice acerca de la naturaleza de la verdad moral?

Dios es verdad

El principio más importante y fundamental que se nos transmite es que Dios es la esencia de la verdad.[8] Todo lo que emana de Él —palabras, planes, leyes, juicio, bendiciones— es manifestación de verdad moral. Dada su naturaleza, la verdad es un aspecto de la perfección y la santidad. Él es la fuente de la verdad, la definición de la verdad, el medidor de la verdad.[9] Las leyes, reglas y mandamientos enumerados en la Biblia, nos dan la guía que necesitamos para comprender y cumplir con la verdad oral.

La naturaleza de la verdad

Dios sabe que su verdad es la única verdad. Su exclusividad se ve en el hecho de que ha soportado las pruebas del tiempo —burlada, criticada, malinterpretada, abandonada por algunos— y sigue siendo accesible e irrefutable.[10] Quienes se resisten a reconocer que la verdad es la verdad de Dios, deben responder algunas preguntas imposibles: ¿qué parte de la verdad presentada en la Biblia se ha comprobado como falsa?[11] ¿Qué verdad no es la verdad de Dios? ¿Qué principio moral importante no está en la Biblia?

La verdad de Dios no cambia; es lo que es, y siempre seguirá siendo igual.[12] Este carácter de inmutabilidad es uno de los atributos que hace que la verdad de Dios sea tan confiable y de tanto consuelo para nosotros. No depende de ni se ve afectada por circunstancias, sentimientos, experiencias o preferencias personales; es conocible, exacta, consistente a lo largo del tiempo y en todos los contextos posibles. Su verdad es por cierto transcultural y eterna. Es consistente en sí misma, independientemente de la situación.[13]

Beneficios e impacto

La verdad no existe en el vacío; influye sobre nuestra realidad. Las Escrituras señalan que la verdad tiene diversas influencias sobre nuestras vidas, la mayoría de ellas, beneficiosas.

Y lo que es más importante: la verdad de Dios nos libera.[14] ¿De qué nos libera? De las garras del pecado y de sus efectos debilitantes, como la muerte y la separación de Dios; nos libera de la confusión y la ansiedad; nos libera de los parámetros y expectativas del mundo.

Muchas personas ni siquiera llegan a ver esto, y ven la verdad moral como un conjunto de restricciones que les impiden conducirse con libertad. Nada podría ser más inexacto. La verdad de Dios, cuyo designio es el de permitirnos disfrutar de los beneficios que Dios tiene para nosotros, nos quita las limitaciones de la incapacidad y disfuncionalidad humanas. La ley moral no nos limita; nos permite la libertad de alcanzar el potencial pleno que Dios ha puesto en nosotros.

Su verdad nos permite sentir pureza de corazón, imposible de sentir de ninguna otra manera.[15] Incapacitados por los efectos debilitantes del pecado, la verdad de Dios nos señala el camino correcto, nos permite imitar a su corazón con mayor consistencia e intimidad.[16]

Llegar a la verdad

No importa cuán maravillosas sean las verdades de Dios, a menos que las comprendamos y apliquemos, de nada nos servirán. Por eso Dios ha hecho de su verdad algo útil y asequible para todos. Primero, envió a Jesús a enseñarnos lo que le importa a Dios.[17] Segundo, protegió la información y la selló con la obra de su Espíritu Santo.[18] Tercero, llamó a millones de personas talentosas y con dones sobrenaturales para enseñarnos esas verdades a otros millones de personas, para que la sabiduría y los parámetros de Dios pudieran conocerse y seguirse.[19] Tanto si la enseñanza nos llega a través de sermones en el servicio de la iglesia, o por medio de libros, revistas, presentaciones de TV y radio, escuela dominical o lecciones de grupos o células y otros medios de instrucción, Dios nos ha dado miles de millones de horas de enseñanza bíblica —y tomo en cuenta únicamente nuestro país aquí— para que cada año las personas aprendan. Es importante destacar que la Biblia nos recuerda que la verdad está al alcance de los que la buscan con sinceridad. Quienes llegan a la verdad con la intención de rechazarla, quizá cumplan su deseo, pero jamás lograrán cumplir con el potencial que Dios les dio. Dios nos informa que quienes son lo suficientemente humildes como para oír y aceptar su verdad, la encontrarán disponible y que esta cambiará sus vidas; pero para quienes resistan su verdad, este cambio les estará vedado.[20]

Oposición a la verdad

Es de esperar, naturalmente, que Satanás esté comprometido a bloquear o distorsionar la verdad de Dios. Odia la verdad de Dios y utilizará todo lo que esté a su alcance para impedir que esta entre en el corazón de una persona.[21]

Tristemente, millones de millones de personas siguen a los engaños del diablo, en lugar de seguir las verdades de Dios. Ganados por la tentación y el pecado, a menudo aceptamos mentiras complacientes en lugar de la dura verdad acerca de nosotros mismos y de nuestro mundo.[22] Rebeldes por naturaleza, ignoramos los mensajes buenos y útiles del Señor, en favor de aquellos que en última instancia nos son dañinos.[23]

Y para empeorarlo, Dios no tiene más alternativa que castigarnos por nuestra rebeldía.[24] Por ello sentimos un doble castigo: nos duele el haber seguido las mentiras del engañador, y luego debemos pagar por nuestra desobediencia cuando Dios ejerce su justicia.[25]

Tomás de Aquino sugirió que cuando las personas rechazan la verdad, lo hacen por una de tres razones: por fallas personales —es decir, el pecado— porque se nos presenta como una barrera que impide la adquisición o realización de algo, o porque entra en conflicto con lo que desearíamos fuera la verdad.[26] La reacción común es la de odiar la verdad, pero como señala Aquino, la verdad siempre es buena por naturaleza y no odiamos lo que es bueno. El problema está, entonces, en que no conocemos la verdad realmente.

Jesús hizo alusión a esto cuando les enseñó a sus discípulos que uno de los grandes beneficios de la verdad es que libera a las personas, y es difícil concebir que alguien quiera desdeñar la libertad.[27]

Desafíos para los creyentes

La verdad de Dios viene completa, con desafíos para sus adherentes. Por ejemplo, se alienta a los creyentes a amar su verdad, a obedecerla en toda circunstancia y a promoverla en todo momento.[28] Entonces, vemos la importancia de la verdad moral para Dios: tiene el propósito de que seamos más como Él, pero también es un recurso valioso que debemos defender siempre que sea necesario, acreditándolo cada vez que sea posible y razonable hacerlo.[29] No es suficiente que simplemente aceptemos la verdad y la sigamos. Mostramos cuán comprometidos estamos con Dios cuando nuestro mayor centro de atención está en ver que la verdad de Dios se haga conocida en todo lugar y momento. No es solo el clérigo y los profesionales religiosos quienes están llamados a defender su verdad; es una tarea asignada a todo el pueblo de Dios, que nos incluye a usted y a mí.

¿HACIA DÓNDE VAMOS DESDE AQUÍ?

Contrariamente a lo que opinan muchos, la verdad moral no es un asunto privado que cada uno debe decidir según el conjunto de sus circunstancias. La verdad de Dios es absoluta, tiene autoridad, y es asequible para todos: si vivimos según ella, floreceremos, pero en su ausencia, sufriremos.[30] Nuestras decisiones tienen consecuencias. Si no reconocemos ni aceptamos su verdad, esto no cambia el hecho de que su verdad existe y siempre es correcta, ni que podamos alterarla o ignorarla sin que esto implique riesgos.

Permítame sugerir que mantengamos cinco temas en nuestra mente.

Primero, debemos reconocer que Dios nos ha dado una verdad moral absoluta. Es clara, abarcativa y universal. No está abierta a modificaciones, trabajos de edición o expansión.[31]

Segundo, toda verdad que aceptemos debe estar conforme a principios bíblicos.[32] Ninguna verdad auténtica estará en conflicto con los términos que la Biblia presenta, como toda verdad moral viene directamente del corazón de Dios, Dios no puede contradecirse a Sí mismo. Todo aquello que afirme ser verdad, y que se entienda en un contexto equivalente, pero esté en conflicto con las enseñanzas de las Escrituras, no es verdad moral. Como el caballo que lleva anteojeras para poder mantener la mirada en el sendero que debe recorrer, del mismo modo debemos mantener nuestra atención fija en las verdades definidas que Dios nos presenta claramente en la Biblia. A veces encontraremos principios por medio de la experiencia personal, la razón o la tradición, pero esto no obsta en la necesidad de que sean coherentes con los precedentes bíblicos.

Tercero, si queremos pensar como Jesús debemos amar la verdad.[33] Aceptar la verdad a medias es lo mismo que rechazarla. La verdad moral representa la misma naturaleza y corazón de Dios, por lo cual aceptarla sin apreciación entusiasta y confianza equivale a despreciar al Santo aquel que nos ha revelado la verdad para nuestro beneficio. Al aceptar y seguir el código moral de Dios, demostramos de manera convincente que nuestra relación con Dios por medio de la gracia salvadora de Jesucristo y el poder internalizado y limpiador del Espíritu Santo, nos ha hecho madurar como seres que aman al Creador que nos amó primero.

Cuarto, toda elección moral que hagamos deberá reflejar las verdades morales de Dios. Toda elección que hagamos debe mostrar nuestra determinación de seguir el modelo de su verdad cada vez que debamos decidir. No hay un "plan B". Nuestro solo deseo será el de hacer lo que cause honra, respeto, placer y gloria a Dios. Al vivir de esta manera estaremos no solamente mostrando la profundidad de nuestro amor por Él, sino probando que nuestra intimidad con Dios y sus caminos nos ha transformado de veras en seres que se asemejan a Cristo.

Finalmente, debemos dar "un paso extra" en nuestra celosa preservación de la verdad de Dios, buscando y aprovechando toda oportunidad posible para promover, defender y enseñar estas verdades a otras personas. Promover la verdad de Dios exige que nuestra actitud muestre nuestra sincera apreciación del contenido de su verdad, y una convicción inamovible de que quien se nos una en la aceptación de su código moral vivirá una vida mejor a causa de dicha decisión.

Defender su verdad significa que debemos estar preparados para sufrir, porque el mundo nos malinterprete o nos trate mal.

Instruir a otros en la sustancia de su verdad implica que debemos conocer estos principios y leyes morales tan acabadamente como para estar siempre dispuestos, listos y a la altura de las circunstancias como para poder enseñar a quien desee escuchar todo lo referente al código moral de Dios.

Para que podamos seguir la verdad en toda circunstancia, sin embargo, debemos conocer íntimamente la Biblia.[34] Todo tema moral, toda circunstancia de decisión moral, está en la Biblia, y por ello sabemos que podemos actuar según lo que la Biblia nos dice, con sabiduría y pureza, siempre que nos basemos en la verdad de las Escrituras. Y como pensar como Jesús no es algo que podamos hacer naturalmente, es esencial que estudiemos la Biblia a conciencia con regularidad y como un hábito para poder aplicar invariablemente lo que aprendemos de ella. Hacer menos que esto, implicara que nuestro compromiso con la verdad de Dios es solo un compromiso a medias, y a medias también con los caminos del enemigo de Dios.

Puede sonar políticamente incorrecto, pero la verdad moral solo viene en color blanco y negro. O se está con Dios o en contra de Él, en todo tema moral. Conocer el contenido de su palabra para nosotros, de manera acabada y precisa, nos permitirá tomar la decisión adecuada, una y otra vez.

Es imperativo que conozcamos su verdad, pero también debemos reunir la fuerza de voluntad necesaria como para rechazar las seductoras alternativas que el mundo nos ofrece. Esto es una guerra, y podemos estar seguros que el enemigo imitará los caminos de Dios torciéndolos para ofrecer opciones atractivas para que consumamos, pero perjudiciales para nosotros. Nunca acepte una verdad a primera vista; siempre hágala pasar por el filtro de las Escrituras, de la oración y el consejo. Nuestro enemigo es inteligente, y siente perverso placer cada vez que creemos en sus mentiras.

¿Es una obsesión para usted la verdad moral de Dios? Debiera serlo para todos los seguidores de Cristo. Después de todo, nuestras decisiones se ven influenciadas por la exactitud de las perspectivas que llevamos a cada momento de decisión; no podemos tomar buenas decisiones si trabajamos con información defectuosa.

Y si nuestro propósito es el de amar a Dios, y lo hacemos honrándolo y respetando sus leyes y principios, entonces con gratitud y gracia debemos inclinarnos ante su revelación de la verdad para poder hacer lo que es correcto y apropiado ante sus ojos.

Parte 3

—◆—

Pongamos en práctica la visión bíblica del mundo

Once

---❦---

MANOS A LA OBRA

"OYE, PÁSAME LA SAL, ¿EH?" —dijo Bill Westbrook mientras atacaba con apetito el suculento plato de comida que tenía enfrente. Había decidido "compartir el pan" con su buen amigo Ted Applebee, después de salir de la iglesia. El lujoso almuerzo en el hotel no era algo habitual. Por lo general para esta hora, cada uno de ellos estaría ya en casa, preparando emparedados con su esposa, pero un retiro organizado para las mujeres los había dejado sin compañía este domingo, por lo que los muchachos estaban más que dispuestos a permitir que Marriott fuera su cocinero este mediodía.

Bill y Ted habían sido amigos desde el día en que se encontraron en el club de golf, unos doce años antes. Los cuarentones y exitosos ejecutivos tenían mucho en común, y se habían vuelto íntimos.

—Claro, envenénate, amigo. Esto te matará si siguen echándole tanto a cada bocado —lo retó Ted. ¿No te enseñan nada acerca del cuidado de la salud en esa iglesia a la que asistes?

Ambos iban a la iglesia con regularidad, pero eran líderes en congregaciones distintas.

—A veces me pregunto sobre qué es lo que enseñan —dijo Bill entre bocado y bocado, mientras saboreaba el pollo asado y las papas. Hoy tuvimos la colecta anual. Es el comienzo del año fiscal de la iglesia, por lo que el pastor nos dio más de su sermón culposo respecto de dar más dinero "generosamente, gozosamente, con sacrificio". La tiene con este tema del diezmo, y quiere que demos diez por ciento de nuestros ingresos ¡Diez por ciento! ¿En qué planeta vive el tipo este?

Ted lo escuchaba mientras comía su carne con arroz. Bill continuó:

—Con el costo de la vida en estos días, solo Bill Gates podría darse ese lujo. Tengo un hijo en la universidad, una hija casada que cree que soy el Banco de Westbrook y una esposa que compra productos Mary Kay como para hacer que el Producto Bruto Interno suba un punto más. Ya doy más de lo que dan muchos de los que se sientan en la iglesia cada domingo, pero el pastor quiere más, más, más.

Bill sacudió la cabeza y engulló otro bocado. Ted tragó con calma, antes de decir en voz baja:

—Yo doy el diezmo.

Bill dejó de masticar abruptamente, y miró a su amigo con sorpresa.

—Sí, lo he estado haciendo durante cinco o seis años ya —dijo Ted con calma. Francamente, no puedo imaginar la vida sin dar el diezmo.

Bill y Ted siempre competían. En el campo de golf, en la cancha de tenis, en los eventos deportivos del country club. Por ello, no es de sorprender que Bill aceptara el desafío.

—Bien, señor Mascota del Predicador. ¿Y cómo es que te alcanza para dar el diezmo? Tienes dos hijos en la universidad, una casa más grande que este hotel —supongo que tu hipoteca también es enorme— y un estilo de vida que no me recuerda exactamente a la Madre Teresa. ¿Cómo puedes dar el diez por ciento de lo que ganas? Debes estar haciendo trampa con los números.

Ted sonrió y dijo que tenía que ver con sus creencias fundamentales.

—Desde que nuestra iglesia entró en este asunto de la visión del mundo cuando llegó el nuevo pastor, mis pensamientos y elecciones cambiaron en muchos aspectos. El diezmo es uno de ellos. Pero surge de una perspectiva básicamente bíblica sobre cómo funciona la vida y sobre qué es lo que Dios espera de mí, además de qué es lo que puedo hacer yo para agradarle a Él. El diezmo es algo que yo entendía de manera muy diferente antes, y en consecuencia, mis decisiones respecto del dinero son diferentes.

Bill, un respetado abogado en la ciudad, se sintió intrigado por la dirección que iba tomando la conversación:

—Pero Ted, el diezmo no aparece en el Nuevo Testamento. Es un concepto del Antiguo Testamento, que viene del tiempo en que las personas estaban estrictamente sujetas a la Ley. Jesús nos liberó de eso, y sé que es extraño oír que un abogado diga que es bueno estar libre de la ley. Pero en este caso, marca la gran diferencia. El Nuevo Testamento nos indica que demos con generosidad, pero no nos ata a un porcentaje.

Entre bocado y bocado, Ted le sonrió a Bill. O se dio cuenta de que escapaba a sus habilidades la discusión con un abogado, o había logrado hacer que su amigo cayera en una trampa.

—Bill, no es cuestión de comprobarlo en un texto, sabes, tomando un versículo de aquí y allí, para respaldar el resultado que buscas. Esto se entiende en un contexto mucho más amplio, el de un entendimiento abarcativo de los principios bíblicos.

Ted bebió un sorbo de soda, y continuó:

—Empecemos desde el principio. Ambos estamos de acuerdo en cuanto a que Dios existe y que Él creó todo el universo, ¿verdad?

Bill asintió, como diciendo: *claro, eso no es nada nuevo.*

—Pero ¿por qué hizo Dios eso? Bien, parece que creó el mundo para su propio disfrute, y que nos creó para tener una relación sincera con nosotros. Quiere que lo amemos, pero no podemos amarlo si nos obligara a hacerlo, como si fuéramos esclavos robóticos. Tenemos libre albedrío para amarlo y debemos demostrar esa decisión por medio de nuestra conducta. Por lo cual, el verdadero éxito y significado en la vida viene de conocerlo, agradarle y honrarlo. ¿Me sigues?

Bill siguió comiendo su comida, que rápidamente desaparecía del plato. Con el tenedor en el aire, asintió, como si fuera un director de orquesta.

—Bien, entonces ¿qué debemos hacer para cumplir con nuestro papel en esta relación, para amarlo de veras? Para responder esto, debemos explorar cómo es Él, porque hemos sido creados a su imagen, y se supone que debemos imitar su santidad y sus propósitos. Describir su carácter es encontrar todas las grandes palabras: omnisciencia, omnipotencia, omnipresencia, inmutabilidad, trascendencia. Palabras de seminario.

Ambos rieron ante la usual referencia al clérigo. Entender estas características es lo que ayuda a que las personas sepan qué se espera de ellos, continuó Ted.

—Si debemos imitarle, entonces estas características son la clave para llegar a ser personas que le agraden. Pero también debemos tomar en cuenta el contexto de nuestra vida. Cuando Dios creó el mundo, lo hizo con la expectativa de que administráramos su creación, teniendo en mente sus fines. Por lo tanto, debemos ver las cosas desde su punto de vista, y cumplir con sus mandamientos al tiempo de reconocer responsabilidades no especificadas que tenemos como resultado de imitar su naturaleza, perseguir la concreción de los resultados que Él busca, y luchar por hacer lo que sea con el propósito de amarlo.

Ted dijo entonces que podemos entender cómo hacerlo gracias a la Biblia. Porque es fuente de verdad, el único parámetro confiable de verdad moral y ética absoluta. Nos da instrucciones concretas en cuanto a cómo percibir y responder ante el mundo, dijo.

La mente legal de Bill estaba en funcionamiento, reuniendo las piezas para ponerlas en su lugar. Hasta ahora, nada de lo que había oído Bill había encendido luces de alerta teológica en su mente; ya había oído todo esto antes, aunque no reunido, todo junto, de esta manera.

—¿Y qué hay del dinero? —preguntó Bill.

Ted siguió, olvidando su comida.

—La idea del diezmo no es que debo dar a regañadientes una cantidad, un porcentaje establecido de mi ingreso para la Iglesia. Digamos que debo entender que la Iglesia es el medio que tiene Dios para conectar a su pueblo como familia espiritual, unos con otros. Del mismo modo en que yo tengo una responsabilidad hacia Justine, Chelsea y T.J. —dijo refiriéndose a su esposa e hijos— tengo una responsabilidad hacia mi familia espiritual. Y no es un sacrificio dar, porque estos recursos de todos modos no son míos. Son de Dios, y yo solo administro su propiedad, en su ausencia física. ¿Qué sacrificio es dar el dinero de otro? No, como creyente, soy guardián temporal de su propiedad, pero seré responsable por cómo gasto sus fondos. Él me confía la administración de sus bienes, lo que significa que debo reflejar sus valores, sus características y sus decisiones lo mejor que pueda.

Bill había dejado de comer ya. Estaba inclinado hacia adelante, apoyando la cabeza en los codos, con una gaseosa en una mano y la servilleta en la otra, mirando intensamente a su amigo a los ojos. Inconscientemente, entendió el significado de lo que le decía su compañero.

Luego Ted incluyó algo más en la imagen que pintaba.

—Y mientras pienso en todo esto, intentando comprender cómo podré agradar más a Dios con mis decisiones acerca de cómo utilizar sus recursos, Satanás está susurrando cosas en mi oído, intentando hacer que desperdicie esos mismos recursos para que Dios se sienta triste y no se cumplan sus propósitos.

—Nada le gustaría más a Satanás que ver que la gente cree que las guías y mandamientos del Antiguo Testamento ya no sirven hoy por ser anticuados —explicó Ted— porque la muerte y resurrección de Jesucristo ha traído mayor flexibilidad para abusar de la libertad.

—Pero así como los Diez Mandamientos siguen teniendo validez hoy, aunque no nos aten eternamente, nos proveen de guía y medidas de santidad que pueden ayudarnos a mantenernos enfocados en cómo ser más parecidos a Cristo.

—Estoy de acuerdo contigo, Bill; pero no hay nada en las Escrituras que nos mande dar exactamente el diez por ciento de nuestros ingresos para los propósitos del reino. Mi interpretación es que el Antiguo Testamento me indica lo que Dios busca, y el Nuevo Testamento me da libertad y aliento a exceder dicho parámetro porque ya no estoy bajo requerimientos legales. Doy el diezmo —y a veces doy más, porque creo que eso es lo que Dios quiere, y me da placer hacer cosas simples— como regalar lo que es suyo de todos modos, sabiendo que le honro con esa conducta.

Bill ya no podía contenerse más, y contraatacó:

—¡Así que piensas que se te recompensará por ser más generoso que otros!

—No, Bill, te equivocas —respondió Ted, bebiendo un sorbo de su bebida. No tiene que ver con recompensas. La vida eterna en presencia de Dios, por que la muerte de Cristo fue por mí, es la recompensa. ¿Qué otra recompensa podría esperar? No, doy el diezmo porque Dios me amó primero, porque Él me creó para amarlo, y me puso en una situación en la que tengo la oportunidad de probar mi amor por medio de mis acciones, y no puedo creer lo fácil que es agradar a Dios en este aspecto. No merezco nada de lo que tengo, ni siquiera el dinero que creo haber ganado con mi esfuerzo. Ambos sabemos que hay otras personas que trabajan igual de duro, pero no tienen tanto dinero. El dinero que tengo, es regalo de Dios, dado por amor. En respuesta, mi regalo a Él es utilizarlo de modo que lo haga feliz, que le traiga gozo, lo cual muestra mi amor por Él.

Ted explicó que la salvación no depende del diezmo.

—Pero mi transformación espiritual, que hizo un giro radical cuando recibí a Jesús como mi Salvador y confesé mi naturaleza pecaminosa, se demuestra por el hecho de que hoy puedo dejar de lado, sin preocupación ni ataduras, lo que el mundo dice que debiera yo conservar celosamente. El diezmo no me afecta financieramente, pero sí es algo espiritualmente significativo para mí, porque muestra a quién le doy mi adhesión, muestra la profundidad de mi compromiso con los caminos de Dios y la transformación espiritual que me permite ver y reaccionar ante el mundo de manera diferente de lo que lo haría si otro fuera el caso.

Bill buscó otra manera de explorar el razonamiento de su amigo:

—Entonces, lo que estás diciendo es que el diezmo es una de las tareas que debes cumplir para ser un evangélico comprometido, alguien que quiere seguir la ley y llegar a ser un súper santo, ¿verdad? ¿No es egoísta eso?

—Hombre, debiera cobrarte la consulta para hacer que un abogado cabeza dura como tú viera la lógica básica —respondió Ted con una gran sonrisa mientras su amigo fingía golpearse la cabeza con la mano mostrando enojo. Le recordó a Bill que el principio no tenía nada que ver con etiquetas teológicas, con el cumplimiento de la ley o con beneficios personales.

—Tiene que ver con el amor y la obediencia. Es por eso que tú y yo estamos en este planeta. Se nos dio la oportunidad de elegir cómo responder a la libertad, la independencia y la responsabilidad con que Dios nos ha confiado. Podemos ser legalistas y hacer lo que manda la Biblia, porque sentimos que debemos hacerlo para no enfrentarnos con la ira de un Dios severo. Pero eso no es amor en acción; eso es miedo. Cuando te impulsa el miedo, respondes a un tirano y no a un amigo que te ama y te cuida. ¿Se nos dice que tengamos temor de Dios? Sí, pero no temor que se aleje del entendimiento de su grande y continuo amor por nosotros.

—Podría hacer lo que quisiera y decir que Dios me entenderá porque soy perdonado. Pero nuevamente, eso refleja un corazón que no ha sido cambiado por ese perdón; refleja un corazón que simplemente busca explotar la gracia por motivos egoístas. Si me niego a dar el diezmo, ¿estaré poniendo en riesgo mi seguridad eterna? No. Pero también muestro que no he sido transformado por completo, por la aceptación y entendimiento e imitación de su amor. Creo que indica que no me he rendido por completo a Dios en amor; solo he rendido lo que siento que necesito dar para recibir lo que quiero, sea la salvación, la reputación o la membresía.

Finalmente, dijo Ted, él daba el diezmo porque creía que agradaba a Dios. Creía que muestra que no está cautivo de las cosas de este mundo, sino que desea honrar a Dios con cada elección que hace. Da el diezmo porque cree que los recursos que Dios le permite administrar, deben utilizarse para expresar el amor de Dios por los demás. Al donar dinero a la Iglesia, o al apoyar a las misiones o a los grupos de evangelización, utiliza los recursos de Dios en pos del progreso de su reino, sirviendo a sus propósitos.

—Si mi propósito en la vida es el de amar a Dios con todo mi corazón, todas mis fuerzas, toda mi mente y toda mi alma, y si lo hago conociendo sus principios y deseos, adorándolo en todo momento, todos los días, entonces no es el sermón culposo del predicador lo que me impulsa, ni el presupuesto de la iglesia o la necesidad de seguir siendo miembro de la congregación. Lo hago por amor, respeto y obediencia, con la esperanza de que este pequeño acto se vea como demostración de amor por el Dios a quien deseo parecerme y a quien deseo agradar.

Bill seguía sentado, mirando a Ted con atención, con los codos apoyados en la mesa, la gaseosa en la mano y la servilleta del otro lado. Luego de unos segundos de silencio, durante los cuales ambos se miraron a los ojos sin parpadear, Bill dejó su posición de estatua, exhalando y reclinándose en el respaldo de su asiento.

—Hmmmm.

Pausa.

—¡Wau!

Bill asintió con la cabeza varias veces. Luego preguntó:

—¿Y esto lo aprendiste en tu iglesia?

—Bueno, mi iglesia plantó la idea de encontrar una visión bíblica del mundo, me motivó a mí y a muchos otros a ocuparnos del asunto, y nos brindó ciertos recursos esenciales. Pero desarrollar esta visión no es algo fácil. He luchado por encontrar la visión bíblica del mundo, basándome en la Biblia, y aún sigo haciéndolo. Siempre seguiré haciéndolo, en verdad. Pero sí, no estaría donde estoy hoy en este viaje si no hubiera sido porque mi iglesia me guió hacia un entendimiento superior de la importancia de la visión del mundo, y de cómo los principios que me ha estado enseñando desde el jardín de infantes (kinder) pueden encajar en una perspectiva abarcativa sobre la fe y el estilo de vida.

Bill levantó la mano.

—Bien, eres uno de los mayores allí, así que probablemente tienen más entrenamiento espiritual que el resto de la congregación. No creo que haya muchos más en tu iglesia que piensen igual.

Ted negó con la cabeza.

—No, no, no. Soy un caso típico, en realidad. Lo que marco la diferencia es que hace unos años el pastor decidió que si no le enseñábamos a la gente a pensar como Jesús, estaríamos desperdiciando su tiempo, imitando un montón de prácticas huecas, repitiendo palabras sin significado aún cuando las memorizáramos de la Biblia. Eso inició una revolución en nuestra congregación, cambiaron todos los programas y se revisaron las expectativas para cada creyente. Y aunque pensaba yo que era "el" creyente, la verdad es que no soy siquiera un ejemplo digno de mostrarse a los demás. Tenemos gente mucho más entrenada que yo, y hay muchos otros en el mismo camino.

Bill volvió a exhalar y negó con el cabeza, incrédulo.

—Bueno, amiguito. Creo que allí está el punto. Debo pasar más tiempo contigo en tu iglesia, para ver cómo funciona todo esto y cómo la gente entra en ese proceso. Confieso que estoy harto de una congregación de gente que conoce las Escrituras mejor que Moisés, pero no saben aplicarlas. Creo que es tiempo de que descubramos cómo hacer que nuestra iglesia nos ayude a adoptar lo que hacen ustedes, para poder pensar como Jesús.

—¡Seguro!

Ted palmeó a Bill con afecto en el hombro, como suelen hacerlo los amigos, y le ofreció una amplia sonrisa. Se sentía satisfecho por haberse anotado unos puntos con este amigo inteligente y conocedor. Se sentía bien por haber motivado a su amigo a tomar más en serio la visión del mundo.

Volvieron a sus platos, pero no antes de que Ted pensara en una cosa más.

—Sabes, Bill. Lo mejor de pensar de este modo, es que se aplica a todo. Hablamos solo del diezmo, pero también se aplica a la clonación, a la homosexualidad, al divorcio, a la pobreza, a la responsabilidad como elector, al contenido de los medios. No importa qué tema elijas, siempre que se trate de decidir moral, ética o espiritualmente, todo está cubierto cuando piensas de esta manera.

Dijo que este nuevo modo de pensar había cambiado su manera de dirigir sus negocios, de relacionarse con su familia, e incluso la elección del automóvil que había comprado el año anterior.

—Avísame cuando quieras visitar la iglesia, y preparé experiencias que te harán sentir impaciente por comenzar.

Bill seguía pensando en el asunto del dinero.

—¿Entonces no sientes que dar el diez por ciento de tus ingresos a los ministerios te perjudica financieramente? —preguntó cuando terminaron de comer.

—Claro que no. De hecho, desde que comencé a dar el diezmo he tenido menos preocupaciones económicas y menos presiones que cuando daba a la iglesia el cambio que me sobraba.

—¡Qué bueno —exclamó Hill—. Entonces es justo que hoy pagues tú la cuenta.

Doce

¿Cómo puede ayudarle su iglesia?

Como descubriera Ted Applebee, el ejecutivo que presentamos en el capítulo anterior, la iglesia puede ayudar mucho a alguien que desea aprender a pensar como Jesús y recibir apoyo mientras aprende a hacerlo. Pero como sabía su amigo Bill Westbrook, muchas iglesias no se dedican por completo a ayudar a las personas a que aprendan a ver el mundo de manera que puedan imitar al Señor.

Y aunque una de las funciones primarias de la iglesia consiste en equipar a las personas para que puedan ser más parecidas a Jesús, y las iglesias locales debieran intencional y estratégicamente facilitar la capacidad de las personas para pensar como Jesús, la mayoría de las iglesias cristianas en nuestro país no lo toman como su objetivo principal.

Mis investigaciones y los seminarios de capacitación a los que asisto en diversas regiones de nuestra nación, me muestran que la mayoría de los pastores creen que hacen un gran trabajo de asistencia a su congregación para adoptar una visión bíblica del mundo, y que sienten que lo logran. Desafortunadamente, los hechos demuestran que solo uno de cada veinte adultos que asisten regularmente a una iglesia protestante posee una visión bíblica del mundo. Hay por cierto un gran esfuerzo por enseñarles a las personas el contenido bíblico y por alentarlas a llevar vidas que estén de acuerdo con la voluntad de Dios. Pero, como observamos anteriormente, no existe la conexión vital entre los tres elementos requeridos para vivir con visión bíblica del mundo: conocimiento, habilidades y aplicación.

La buena noticia es que nuestra investigación revela que pocos pastores cuestionan la importancia de la visión bíblica como capacitación para los cristianos. El desafío está en ayudarlos a ver lo poco que nos falta para lograrlo, y mostrarle cómo adoptar medios diferentes para enseñar a los cristianos a actuar como Jesús, porque piensan como Jesús.

PRÁCTICAS DE IGLESIAS CON VISIÓN BÍBLICA DEL MUNDO

Creo que muchas de las cosas que surgen de los estudios realizados por Barna Research en las iglesias, serán de utilidad en esta transición. Pudimos identificar iglesias en el país que ya desarrollan una visión bíblica del mundo, con toda efectividad. Iglesias de todos los tamaños y denominaciones, en muchos lugares, que prueban haber guiado con éxito a su gente hacia una madurez más profunda por medio de un proceso que transforma sus mentes y corazones. No todos utilizan la modalidad de las siete preguntas que presento aquí (ver capítulo 3), pero sí emplean procedimientos similares, que producen el mismo tipo de resultados.

Al describir las prácticas comunes en estas iglesias, podremos comenzar a construir un cimiento para cualquier iglesia —incluyendo la suya— para ayudar a los cristianos a ser cada vez más capaces de pensar como Jesús. El resto de este capítulo describirá las características que tienen estas iglesias en común, atributos que quizá desee usted promover en su iglesia para facilitar la adopción de una visión bíblica del mundo.

Intencionalidad

Primero, es importante reconocer que estas congregaciones han llegado a comprender una verdad a menudo difícil de aceptar: predicar buenos sermones no da como resultado el desarrollo de una visión bíblica del mundo.

El sermón semanal de media hora a menudo contiene la información que puede ayudar a desarrollar una visión bíblica del mundo, pero el estar expuesto a buenas enseñanzas y buena prédica no nos lleva demasiado lejos. Si así fuera, los Estados Unidos sería una nación transformada: tenemos decenas de miles de iglesias donde cada domingo se predican muy buenos sermones. Sin embargo, la evidencia demuestra que la prédica por sí sola no logra el objetivo.

Las iglesias que son efectivas en el desarrollo de una visión de mundo incorporan diversos elementos en un plan de acción integral, que implementan sin pausa. Entre los factores esenciales, encontramos:

De lo general a lo particular

Estas iglesias con visión del mundo tienen una estrategia clave. Comienzan con una clara noción del resultado que desean lograr. Luego conciben planes que van hacia atrás, desde el final hasta el punto de partida, identifican los componentes del plan y los llevan a cabo sin cesar.

La experiencia pasada les ha enseñado a muchas de estas iglesias una lección importante: siempre hay que saber qué es lo que queremos cumplir y luego construir un proceso en torno a objetivos específicos, en lugar de buscar resultados vagos basados en el acuerdo de prácticas e ideas generalmente aceptables. Como sucede en casi todo emprendimiento grupal exitoso en el que se busca un cambio, el progreso depende de tener un plan factible y exhaustivo, basado en información exacta, estrategia con visión, objetivos claros, la inteligente distribución de ideas y la implementación integral.

Estos planes a menudo incluyen algunos de estos elementos:

- La necesidad de educar y motivar a las personas en cuanto al significado, ausencia e importancia de tener una visión bíblica del mundo.

- Un proceso que movilice a las personas hacia actividades que continuamente faciliten el desarrollo de una visión bíblica de la vida.

- La provisión de recursos y oportunidades de aprendizaje.

- La designación de líderes cuya pasión y objetivo primarios se relacionen con el desarrollo de una visión del mundo.

- El establecimiento de la propiedad del proceso entre todos los líderes, que abarquen a todos los departamentos y programas de la iglesia, incluso la coordinación del contenido.

- Métodos de refuerzo y responsabilidad de compromiso para las personas.

Bíblicos, sin concesiones

Como lo indica su nombre, la visión bíblica del mundo surge de un solo lugar: de la Biblia. Las iglesias orientadas hacia una visión del mundo, que hemos visto en nuestra investigación, se aseguran de que su gente reconozca que a pesar de que hay otras fuentes de información, de experiencia y razonamiento que puedan contribuir a la comprensión y desarrollo de una visión del mundo, toda perspectiva o aplicación que no esté conforme a las Escrituras es ilegítima y, por lo tanto, inutilizable. Estas iglesias no hacen concesiones, ni se disculpan por el hecho de que su proceso se base únicamente en la Biblia.

En mi trabajo he observado que muchas iglesias protestantes parecen preferir los principios del Nuevo Testamento, y abandonan el resto de la Palabra de Dios, porque Dios lo dio antes del ministerio de Jesucristo. Las iglesias más efectivas —y, creo yo, más fuertes— en cuanto al desarrollo de la visón del mundo, son las que ven la Palabra de Dios como un cuerpo único de instrucción, conocimiento y guía, de igual valor, autenticidad y utilidad. La parte antigua y la nueva se verifican y clarifican mutuamente. Deben proclamarse juntas, quizá con algún tipo de tensión santa, pero también como robusto conjunto de la revelación de Dios.

Cimientos conectados

Es importante observar que las iglesias del mundo con visión bíblica brindan a sus miembros contenido bíblico que se ubica siempre en un contexto amplio. No enseñan lecciones, predican sermones o promueven principios que son independientes, conceptos unitarios: cada elemento en su visión del mundo está conectado a todos los demás, porque la Biblia enseña la verdad, y la verdad es una realidad unificada y no una serie de ideas sueltas sin relación entre sí.

Los pastores, los maestros y los líderes de la iglesia tienen la tarea de dar a los cristianos enseñanza sistemática sobre el contenido bíblico. Cada principio debe enseñarse y aplicarse en conexión con todos los otros principios, demostrando la veracidad de las Escrituras y su naturaleza holística. Así como los pastores aprenden teología sistemática en el seminario, deben ofrecer capacitación teológica sistemática a su congregación, traducir las verdades y principios sofisticados de la Biblia al lenguaje y conceptos que cada creyente pueda entender, aceptar e implementar personalmente.

Un marco coherente

En este libro he recomendado la estrategia de las siete preguntas como marco para ayudar a que la gente organice la información bíblica para su aplicación personal. Muchas de las iglesias más efectivas en el desarrollo de la visión del mundo, ofrecen marcos alternativos a sus miembros. Algunas se basan en la memorización y aplicación de versículos; otras en el análisis cultural y la respuesta; y otras aún en un método híbrido de observación, diálogo y capacitación experimental.

He llegado a la conclusión de que el método de las preguntas quizá sea el más efectivo, porque obliga a las personas a pensar, a hacerse cargo de las respuestas que surjan y a traducir las preguntas a aplicaciones personales. Sin embargo, lo que más importa es encontrar un marco que funcione —cualquiera que sea— y seguir trabajando con este.

Como el desarrollo de una visión del mundo es un proyecto que implica tiempo y trabajo, la iglesia deberá comprometerse a trabajar a largo plazo si espera ver resultados. Cambiar el proceso cada tantos años, hará que el emprendimiento se debilite, y probablemente cause más daño que beneficio.

Integración total

Hay otra manera en que estas iglesias conectan las piezas de la visión bíblica del mundo: por medio de la integración a cada actividad que la iglesia inicia y cumple.

El pensamiento en la visión del mundo está presente en cada decisión de ministerio. Las consideraciones de la visión del mundo están primero al preparar lecciones y enseñarlas. La oración refleja la perspectiva de gente que opera desde una visión del mundo totalmente bíblica. La adoración es más poderosa porque se practica en la plenitud, promovida por la visión bíblica. Los esfuerzos en el servicio son más intensos y apasionados, porque la motivación es diferente cuando la actividad se conecta con una visión del mundo. Y las reuniones sociales en la congregación tienen otra atmósfera, porque el compañerismo ya no se basa en la camaradería sino en un propósito espiritual más importante.

Toda la familia involucrada

Y aquí hay algo aún más importante: las iglesias con mayor cantidad de cristianos con visión bíblica del mundo, son las que inician el proceso de desarrollo cuando los niños tienen entre cuatro y cinco años. Tiene sentido. Sabemos que los cimientos morales de los estadounidenses se ven establecidos generalmente cuando el niño tiene unos nueve años. Si esperamos hasta la adolescencia, la pubertad o la adultez para inyectar una visión del mundo, encontraremos mayores dificultades que si comenzamos cuando el niño es más pequeño, porque habrá que eliminar el pensamiento no bíblico y mundano que se ha arraigado en ausencia de un entendimiento bíblico de la vida y la realidad, y luego habrá que llenar el vacío con pensamientos bíblicos y cristianos. Estas iglesias trabajan muy duro para armar lecciones de visión bíblica del mundo desde la más temprana edad, tomando en cuenta el lenguaje, la capacidad, la teoría evolutiva y todo lo que les permita diseñar un proceso que vaya creciendo según crece la persona.[1]

Además, estas iglesias suelen incluir a la familia entera en el proceso. Esto es casi un requisito, si se desea ver progreso de verdad: el apoyarse unos a otros en la hora semanal que la familia promedio pasa en la iglesia —aunque gran parte de ese tiempo poco tiene que ver con el desarrollo de la fe— no puede dar resultados comparables a los de pasar unas cincuenta a sesenta horas promedio por semana, pasados frente al televisor u otros medios que comunican visiones alternativas del mundo.

Para maximizar este potencial, muchas iglesias con visión del mundo ofrecen lecciones apropiadas para cada edad, basadas en el mismo tema durante toda la semana en cada uno de los espacios ofrecidos, para que todos los miembros de la familia tengan un tema común en qué pensar, y para que los padres tengan suficiente información como para facilitar la conversación en el hogar durante la semana. La continuidad que resulta de esto —dentro de la familia y de la congregación— demuestra ser sorprendentemente poderosa como herramienta de desarrollo.

La competencia

Muchas iglesias creen que es importante proteger a sus miembros de las enseñanzas de las visiones alternativas. Las iglesias más efectivas, sin embargo, creen que es imperativo que los cristianos estén informados acerca de lo que ofrece la competencia. "No puede identificarse y derrotar a un enemigo si no sabemos que existe", fue la respuesta que nos dio un pastor en una de las iglesias con mayor visión del mundo. El objetivo es el de sensibilizar a los creyentes hacia los puntos de vista de las teorías alternativas, para que comprendan de qué manera están en conflicto con las verdades y principios de Dios. Al darles la capacidad de reconocer las visiones alternativas, el individuo puede rechazar lo dañino que proviene de estas teorías no bíblicas.

Algunas iglesias temen que la exposición a las teorías alternativas haga que las personas encuentren creencias que prefieren antes que la cristiana. Reconozcamos que dicho temor sugiere una confianza muy limitada en el poder de Dios y su verdad. Las iglesias con visión bíblica del mundo buscan poder mostrar los argumentos de las teorías de la competencia, porque encuentran que cada vez que se les dedica tiempo de estudio y análisis, la verdad de Dios siempre surge como la opción más razonable y convincente.

Equilibrio

Hay demasiadas iglesias que creen que ganaremos la batalla por la visión del mundo si les damos a los creyentes todo el conocimiento que puedan adquirir. Los ministerios más efectivos han aprendido que el desarrollo de una visión del mundo es como una silla de tres patas: quite una de las patas, y la silla caerá. ¿Cuáles son las tres patas?: *información, capacidad* y *aplicación*.

No puede tenerse una visión de mundo que sea viable sin *información* exacta, integral y coherente. Para poseer una visión bíblica del mundo, dicha información debe provenir de enseñanzas bíblicas, o al menos tener coherencia con estas. Esta información es más que la regurgitación de hechos. Para que tenga poder, debe comprenderse y aceptarse como verdad personal.

Las personas necesitan tener *capacidad* para desarrollar, mantener y utilizar su visión del mundo. Y esta capacidad se logra con técnicas de estudio bíblico, memorización, lógica y pensamiento crítico.

Esta capacidad se utilizará de manera "ofensiva" y "defensiva", a medida que reflejen su visión del mundo y las visiones alternativas. Si no les damos a las personas estas herramientas básicas, no podrán avanzar. Sin aplicación, la visión del mundo será simplemente la intelectualización de la realidad, un juego de ingenio que no afecta quiénes somos, ni nuestras vidas, ni nuestra relación con Dios. Para que las personas puedan aplicar lo que descubren acerca de lo que significa pensar como Jesús, la iglesia debe motivarlos a comprometerse con el proceso, a reunir coraje y autoconfianza para ser como Cristo en pensamiento, palabra y obra; proveyendo oportunidades supervisadas en las que puedan aplicar su pensamiento a situaciones del mundo real.

Además, parece que estas iglesias crean sus propios recursos para ayudar a que su gente progrese en la construcción de su visión del mundo. Hay cantidad de recursos que se crean día a día para este fin en el mercado cristiano, pero pocos combinan la accesibilidad, amplitud y profundidad requeridas para que sean herramientas indispensables. El desafío, entonces, radica en que las iglesias creen sus propios recursos, coordinados por grupos de acuerdo a sus edades, programas y enfoques de ministerio, de manera de ayudar a las personas a llegar donde desean ir.

Conectarse con la cultura

No puede uno desarrollar una visión del mundo en un vacío social. Siempre habrá que construirla dentro del contexto de la cultura: la información, las prácticas y condiciones que le dan sentido e identidad a un grupo de personas. Uno de los desafíos fundamentales para el cristiano, sin embargo, consiste en no desarrollar simplemente una visión del mundo intelectualmente sólida o espiritualmente defendible, sino llegar a una visión que comprometa y trascienda a su cultura.

Comprometer a la cultura implica desarrollar nuestra perspectiva dentro de los límites del mundo en el que Dios nos ha puesto. El mundo es nuestro contexto para vivir a Dios, y para ministrar a los demás. No podemos abandonar la cultura, por decrépita que sea. Después de todo, se supone que seamos la luz en medio de las tinieblas. Y esa luz pierde parte de su efecto si brilla únicamente en presencia de otra luz; su mayor influencia surgirá de cuando ilumine un ambiente a oscuras. Nuestros distintivos bíblicos no solo deberán dar forma a nuestra visión del mundo, sino también influir sobre la cultura que vemos a través de esa lente. Esto implica que debemos pensar como Jesús, no solo cuando estamos en el entorno seguro de la iglesia, sino también cuando estamos en el entorno amenazador del mundo.

Trascender la cultura significa que no debemos solo luchar por encontrar un lugar en el marco social existente, sino que nuestra visión del mundo deberá servir como mecanismo que nos eleve por encima de la decadencia y lo ordinario del mundo. Dondequiera que iba Jesús, las cosas cambiaban; cuando dejaba un lugar, siempre dejaba parte de sí a causa de su presencia transformadora. Cuando demostramos tener una visión bíblica del mundo, debiera ocurrir lo mismo: la gente no debiera ver la realidad —o no debiera vernos a nosotros— del mismo modo. No queremos mezclarnos con el entorno sin causar efecto alguno. Nuestra tarea consiste en permanentemente infectar el entorno con amor y aprecio por el Dios trascendental que creó el tiempo y el espacio, y que reina como su Amo y Señor. Como siervos suyos, esperamos atraer a otros en el camino de la transformación, elevándolos a ellos y a nosotros mismos, por encima y más allá de lo mundano, hacia un lugar más excitante, atractivo y santo, dentro de la realidad.

Sepa que si usted simplemente se compromete con la cultura pero no la trasciende, se habrá convertido solamente en una opción más, una alternativa, que no da una buena razón como para tomar en serio al cristianismo. Si trasciende la cultura pero no se compromete en el proceso, se volverá un aislante, un arrogante egocéntrico que abandona las responsabilidades y privilegios esenciales del reino en favor de su mejoramiento personal.

Comprometerse y trascender la cultura es una acción que conlleva riesgos, que enciende nuevos caminos, y le hará vivir éxitos y fracasos. Su iglesia puede convertirse en un centro de capacitación importante para lograr esto, un lugar que abre nuevas puertas y ventanas, y también un refugio seguro para los momentos de esfuerzo por lograr un impacto en el mundo, al pensar como Jesús y actuar según sus pensamientos.

El liderazgo es esencial

Para que este proceso funcione, deberá ser el corazón de la iglesia, y no un programa suplementario. Para lograr esto, las iglesias con una exitosa visión del mundo tienen personas de alto perfil y con autoridad, que funcionan como líderes del proceso. A menudo, esta persona es el pastor principal: quien comprende la importancia de pensar como Jesús, quien tiene la posición y la pasión de promover el proceso, quien puede ayudar a las personas a mantener la atención fija en este resultado como señal de la eficacia de su iglesia.

Este líder deberá asegurarse de que el desarrollo de la visión del mundo sea un programa "oficial", un propósito de la iglesia, con el sello de aprobación del ministerio. Dichos líderes son más efectivos cuando van más allá de las palabras y dan el ejemplo en la práctica. En otras palabras, si quiere que su comunidad acepte como norma el proceso de desarrollo de la visión bíblica del mundo, los líderes de la iglesia deberán "entenderlo" y cumplir con gozo y total intención la práctica requerida. Si los líderes principales no ponen en práctica la visión bíblica del mundo, no podrán promoverla con fervor, ni podrán motivar a otros para que tomen el proceso en serio.

Anticiparse a la resistencia: Uno de los desafíos principales para los líderes que quieren que su iglesia adopte el proceso de desarrollo de visión bíblica, será el de anticipar los puntos habituales de resistencia en un proceso tan importante. Si ha realizado esfuerzos por ir en esta dirección, seguramente habrá encontrado alguna de las formas típicas de resistencia: rechazo de la Biblia como fuente absolutamente veraz y confiable, holgazanería intelectual, negocios y ocupaciones personales, desinterés en comprometerse, ausencia de convicción sobre la verdad moral absoluta, y demás.

Parte de su estrategia consistirá en estar preparado para enfrentar estos desafíos. Las iglesias con mayor éxito son las que han pensado en las objeciones con anticipación, concibiendo modos efectivos de luchar contra dichas objeciones, haciendo que más y más personas se comprometan a participar, para lograr pensar como Jesús.

Perseverancia: Uno de los aspectos más importantes en el liderazgo es la perseverancia. Este es un viaje muy largo, que dura toda la vida. No es un programa especial de un año, ni de cinco años. Es el cimiento de la renovación y el entrenamiento espiritual; jamás termina, y no debiera ser visto como el programa final, ni el más grande. Las congregaciones más efectivas adhieren al proceso de la visión bíblica del mundo, como condición necesaria para aceptar a un líder laico o a un miembro de su personal. La solidaridad entre los líderes es crucial para que el proceso siga activo y no pierda su poder de transformación.

Evaluación del progreso

Cuanto más le permita su iglesia saber lo bien que van las cosas, tanto mejor será su capacidad de avanzar con efectividad y eficiencia. Las iglesias efectivas les brindan a sus miembros herramientas de evaluación, basadas en la observación de conductas y en conversaciones especialmente enfocadas al análisis del progreso; los alientan a lograr mayor comprensión mediante la interacción con grupos pequeños en los que la revisión del progreso en el desarrollo de una visión bíblica del mundo es un propósito explícito en reuniones y relaciones, y les brindan información de diagnósticos realizados sobre la administración y el estado de sus funciones.

Lecciones implícitas

Las iglesias con visión bíblica del mundo muchas veces nos sorprenden. Por ejemplo, una de las lecciones inesperadas, encontradas en mi investigación, indica que la iglesia no necesita hacer continua referencia verbal a su esfuerzo por desarrollar una visión bíblica del mundo. Aún cuando las iglesias efectivas construyan su proceso de discipulado y enseñanza alrededor del desarrollo de esta visión bíblica, rara vez utilizarán el término "visión bíblica del mundo" en público, y solo en ocasiones llamarán la atención sobre el proceso y el objetivo. En otras palabras, su iglesia puede cumplir con esta tarea sin referirse continuamente al proceso.

Del mismo modo, las iglesias que buscan desarrollar la visión del mundo deberán saber que los resultados pueden llegar a largo plazo. Muchas de las iglesias más efectivas nos señalaron que les llevó cinco años —y a veces, aún más— llegar a ver algún resultado apreciable. Como el desarrollo de una visión bíblica del mundo tiene que ver con la transformación, el reemplazo de perspectivas errantes con cierta visión bíblica elusiva, rara vez se verá que este cambio sucede de la noche a la mañana. Si su iglesia desea emprender este camino, asegúrese de que estén todos preparados para trabajar arduamente durante mucho tiempo.

SU ROL EN ESTE PROCESO

Se preguntará usted quizá cuál es su rol —como persona— en el logro de estos resultados. Es muy posible que usted forme parte de una iglesia en la que el pastor y el personal ya creen que el proceso de desarrollo de la visión bíblica está en progreso, y que están obteniendo buenos resultados. Si usted señala que las cosas podrían mejorar, y ni qué hablar de si menciona la necesidad de cambios radicales, es posible que no se acepten sus comentarios con agrado.

Formar una coalición

Lo que sugiero es que tome usted esto como si fuera el diseñador de una coalición. Comience por hablar con otros miembros de su iglesia, con personas de quienes sepa usted que están interesadas en profundizar su fe, deseosas de aprender a pensar como Jesús. Ayúdeles a ver la diferencia entre conocer el cristianismo y ser como Cristo, y para que puedan hacer la conexión entre el resultado final y la capacitación previa, necesaria para desarrollar una visión bíblica del mundo. Describe los tipos de aplicación e implicancias de poseer una visión bíblica del mundo, y comience por construir interés sincero en ministerios que aumenten su capacidad de aprender y apoyar a otros.

Cuando tenga ya un grupo respetable de laicos activos deseosos de pedir ayuda a su iglesia, solicite una reunión privada con el pastor para presentarle su interés y las sugerencias que puedan hacer en cuanto a cómo podría bendecir esta iglesia a su gente por medio de la capacitación en visión bíblica del mundo. Como los líderes de la iglesia están por lo general ya demasiado ocupados, y suponiendo que estén ya haciendo una tarea relacionada con este fin, cuando más específicas sean sus sugerencias y más transformador sea el proceso que pueda usted recomendar, más posible será que su pedido sea aceptado.

Para ofrecer una solución radical, es decir, algo que ayude a que la iglesia permanezca integrada a la cultura y no exija que el pastor dedique demasiadas horas extras a la construcción de un programa viable de capacitación, ni que deba hacer cambios en el personal, piense en los recursos y servicios que presentamos en el Apéndice 1 de este libro. Reúnase con líderes calificados de su congregación, que sean personas emprendedoras, que puedan desarrollar estrategias y planes viables para presentar y sostener este proceso dentro de su iglesia. Modele el plan según los atributos de las iglesias que ya están trabajando con eficiencia en este proceso. ¿Para qué reinventar un proceso cuando hay otras iglesias que ya lo han hecho, y le han facilitado parte del camino? Utilice sus recursos con eficiencia, para que el programa de capacitación pueda iniciarse lo antes posible.

Recuerde que no es tarea de su iglesia obligarlo a adoptar una visión bíblica del mundo. La tarea de la iglesia consiste en exponerle a usted a la visión bíblica, a sus pensamientos y opciones, en equiparlo para que pueda desarrollar esta visión, alentándolo a redefinir su visión personal del mundo. Será responsabilidad suya, luego, el grado de compromiso que asuma respecto del proceso.

Listo para la batalla

Su capacidad para pelear la buena pelea en la batalla espiritual en la que está usted inmerso, dependerá de la actitud que lleve al campo de batalla. Los estadounidenses cristianos por lo general han sido probados en la lucha, pero rara vez están listos para luchar. Necesitamos mejor capacitación y mejores municiones para poder pelear la batalla con efectividad. Permita que su iglesia le brinde el apoyo que necesita para pelear la batalla con sabiduría y confianza.

Trece

LA TRANSFORMACIÓN

T ODOS LOS MIÉRCOLES mis dos hijas asisten al programa Awana en una iglesia cercana. Han conocido a muchos otros niños allí, y han aprendido muchas lecciones y principios maravillosos, con maestros comprometidos y afectuosos. El programa, a decir verdad, hace que las niñas esperen con ansias la reunión de los miércoles.

No tengo la excelente memoria que tienen mis hijas, quienes pueden repetir de memoria muchos versículos bíblicos. Hace poco, nuestra hija mayor ganó un premio por ser la mejor alumna en su nivel dentro de la escuela bíblica, gracias a su memorización de versículos. Hicieron de la presentación del premio un evento especial, y le dieron una placa conmemorativa y una cantidad de regalos frente a todos los demás estudiantes y padres. Ella disfrutó de su momento de gloria, sonreía con alegría mientras sus compañeros la vitoreaban. Sintió satisfacción y orgullo por su esfuerzo y el reconocimiento ganado.

Sin embargo, una hora después de regresar a casa luego de la reunión, peleó con su hermana por algo sin importancia. Esto me pareció incongruente con lo sucedido más temprano, y con el impacto que el conocimiento de las Escrituras debía tener en su conducta. Me senté junto a la pequeña premiada, y le pregunté algunas cosas:

—¿Cuál fue el versículo que citaste de Lucas 10?

Sin dudar, dijo mecánicamente: *"Ama al Señor tu Dios con todo tu corazón, toda tu alma, todas tus fuerzas y toda tu mente. Y ama a tu prójimo como a ti mismo".*[1]

—Bien. Y hace unas semanas, estudiaste de memoria Mateo 7:12 —le recordé. ¿Qué decía ese versículo?

Con la rapidez de una bala disparada, respondió: *"Así que, todas las cosas que queráis que los hombres hagan con vosotros, así también haced vosotros con ellos".*

—Muy bien, eso es. ¿Y qué de Mateo 5, versículos 44 y 45? Dímelos.

Hizo una pausa, buscando en su archivo mental antes de sonreír y recitar las palabras: *"Pero yo os digo: Amad a vuestros enemigos, bendecid a los que os maldicen, haced bien a los que os aborrecen, y orad por los que os ultrajan y os persiguen; para que seáis hijos de vuestro Padre que está en los cielos".*

La miré durante unos segundos, esperando que se le encendiera la lucecita. Mi gesto indicaba: *Bueno, ¿qué significa todo eso?*, pero no había señal de reconocimiento. Seguía mirándome, esperando la siguiente pregunta para demostrar su conocimiento en este examen oral espontáneo.

—Mi amor, acabas de demostrar ante el mundo que sabes mucho acerca de lo que Dios nos enseña en la Biblia. Y hemos aprendido que la Biblia no es como cualquier otro libro ¿verdad? Son las lecciones que Dios nos brinda sobre como vivir una vida de la manera correcta, para agradarle y para hacer lo que es mejor para nosotros. Los versículos que memorizan debieran afectar tu modo de conducirte ¿verdad? Ella asintió, esperando mi pregunta por siguiente versículo.

—Así que, piensa en los tres que acabas de decirme. ¿Qué tienen que ver con tu conducta hacia tu hermana? ¿Cuál es la conexión entre lo que Dios te enseña allí, y tu relación con ella?

Entrecerró los ojos un poco, intentando determinar si se trataba de una pregunta con trampa. Luego de murmurar una respuesta sin sentido, siguió sentada esperando la siguiente pregunta. Era una campeona para recitar pasajes de las Escrituras, pero no tenía idea de cómo podían afectar su conducta los versículos que sabía de memoria.

LLEGAR AL PUNTO DE ¿Y QUÉ?

No le echo la culpa a mi hija por saber los versículos y no lograr comprenderlos e integrarlos a su vida. Yo también he abandonado mi responsabilidad, como supervisor espiritual de mi hija, en cuanto a ayudarle a realizar la conexión. Tenía el material a disposición, pero le faltaba el plano de obra, el entrenamiento que le ayudara a saber qué hacer con ello. Podía responder a la pregunta: ¿Qué dice la Biblia? Pero no a la otra: ¿Y qué con ello?

La mayoría de los adultos que conocí en las iglesias a las que asistí a lo largo de los años, quizá sepan responder las siete preguntas presentadas en este libro. Pero muy pocos tienen una visión bíblica del mundo. A pesar de que son mucho mayores y tienen más experiencia que mi hija, no son espiritualmente más maduros que ella.

SABER QUÉ BUSCAR

Cada uno de nosotros necesita ir más allá de encontrar las respuestas adecuadas a la aplicación personal de esas respuestas en cada situación, cada hora de cada día. ¿Cómo saber si tenemos una visión bíblica del mundo y si vivimos una vida transformada? Nadie puede determinarlo con más exactitud que nosotros mismos, pero tenemos que saber qué buscar, y tener parámetros para medirnos. Aquí enumero algunos factores que debemos tomar en cuenta.

Hábitos

Nuestra vida es una cadena de hábitos que se relacionan entre sí. El contenido de estas rutinas es uno de los mejores indicadores de lo que consideramos verdadero y legítimo. De hecho, si queremos entender cómo pensar como Jesús, una de las mejores maneras será evaluar cómo vivía Jesús.

Encontrará que los primeros cuatro libros de Nuevo Testamento nos dan un resumen muy útil de lo que Él hacía día tras día. Vivía una vida predecible porque funcionaba sobre la base de una visión del mundo que identificaba sus propósitos, limitaciones morales y obligaciones. Dedique tiempo a leer uno o más de los cuatro relatos del Evangelio —Mateo, Marcos, Lucas o Juan— entero, de una sola vez. No le llevará más que una o dos horas, a menos que como yo, se entusiasme tanto que siga leyendo desde el primero hasta el último capítulo. Cuando haya leído el libro entero, anote los elementos que se repetían en la vida de Jesús ¿Qué encuentra?

Ahora, haga lo mismo con su vida. Analice su actividad, cada día de la semana pasada. Si le resulta más fácil, hágalo con respecto a la semana próxima. Adopte esta rutina todos los días, antes de dormir, durante las siete noches de la siguiente semana. Incluya sus tipos de conversación, los puntos de conflicto, las transacciones comerciales en las que ha participado, sus sueños y deseos, los medios de comunicación que ha visto, leído o escuchado, los lugares a los que fue, las personas con las que interactuó, todo lo que recuerde. Luego identifique las conductas repetidas tres o más veces. Esas son claramente, parte de su rutina.

Cuando haya terminado con esta tarea, complete el ejercicio comparando sus hábitos con los de Jesús ¿Hay similitudes? ¿Hay diferencias? ¿Qué aprende de sí mismo —y de su visión del mundo— al compararlos?

Su conducta resulta directamente de aquello que cree usted como verdad, como importante respecto de la realidad. Las conductas que usted repite, son el reflejo principal de su visión del mundo. ¿Hasta dónde está satisfecho con los hábitos que describen su compromiso respecto de amar y obedecer en todo a Dios?

Tiempo

El tiempo es el recurso más precioso de los estadounidenses. Lo valoramos mucho, porque no es renovable y es extremadamente limitado. El modo en que utilizamos ese recurso habla mucho de lo que verdaderamente valoramos en la vida. Jesús, por ejemplo, valoraba el tiempo que pasaba con Dios y en el servicio a otros. Si hace usted un análisis de su vida y sus decisiones, ¿hasta dónde reflejan su compromiso por hacer cosas que sean conformes a una visión bíblica del mundo? ¿Qué cambios podría hacer para llevar un estilo de vida que coincida con el modo en que se habría comportado Jesús si estuviera en su lugar?

Carácter

La Biblia habla sobre al menos cincuenta diferentes cualidades de carácter que son importantes para Dios. Al estudiarlas, parece que podemos categorizarlas para clasificarlas en trece grupos. Alguien comprometido a pensar como Jesús, podrá reformar su carácter para que esté más en línea con las cualidades que las Escrituras promueven.

Específicamente, estos grupos se relacionan con las siguientes características, con una breve explicación de ciertas dimensiones en cada categoría:

1. *Madurez de fe*: basar las decisiones de vida en convicciones de fe, luchando por vivir como verdadero discípulo de Jesucristo, explorando la verdad y la base de cada aspecto de nuestra fe, buscando integrar la fe a cada dimensión de nuestra vida.

2. *Confiabilidad*: que la gente pueda confiar en que lo que digamos y hagamos será lo correcto.

3. *Promoción de la verdad*: comunicar con claridad ideas, hechos y principios que sean consistentes con las Escrituras, y ayuden a las personas a parecerse más a Cristo.

4. *Sabiduría*: tener una relación creciente, profunda y saludable con Dios, confiando en Él como guía, manteniendo una vida de oración vibrante y un equilibrio viable entre la inteligencia del mundo y los caminos de Dios.

5. *Conciencia sensible*: sensibilidad y capacidad de respuesta al Espíritu Santo, inquietud frente al pecado, confianza en la Biblia como guía moral y espiritual

6. *Moralidad virtuosa*: seguir estrictamente las enseñanzas de la Biblia en cuando a conducta sexual, uso de sustancias e integridad.

7. *Disposición que refleje a Dios*: interactuar con las personas de manera siempre sincera, amable, generosa, que perdona, que ama, respeta y alienta.

8. *Control*: controlar el lenguaje y la ira, demostrar paciencia y racionabilidad

9. *Lenguaje apropiado*: decir las cosas con amor, evitar provocar ira, desconfianza o percepciones negativas de los demás, evitar o abusar del nombre de Dios.

10. *Corazón amoroso*: comprometerse con agradar a Dios primero, perdonar y servir a los demás, soportar sufrimiento personal o desventajas por amar lo que está bien.

11. *Valores adecuados*: tener objetivos primarios que tengan que ver con amar a Dios con todo el corazón, toda el alma, toda la fuerza y toda la mente, vivir de manera coherente con los objetivos y principios de las Escrituras.

12. *Servicio*: sacrificarse por el bien de otros, asumiendo responsabilidad por quienes están necesitados, actuar con justicia.

13. *Humildad*: tener una visión exacta de nuestra ubicación, gozándonos en el éxito de los demás, negándonos a manipular imagen para obtener ventajas, reconociendo nuestras limitaciones.

Haga una auditoria de su carácter para descubrir hasta dónde sus atributos reflejan la persona en que usted se ha convertido. Jesús fue capaz de amar a sus enemigos, de servir a su creación, de resistir las tentaciones por su fuerza y profundidad interna; en otras palabras, su carácter. Si quiere pensar como Jesús, entonces fortalezca su carácter según los factores que Dios identifica en las Escrituras. Cuanto más refleje su carácter estos elementos, tanto más parecido será a Cristo.

Fruto

Pablo nos ayudó a entender cómo es la vida cristiana al identificar los resultados de una vida vivida de acuerdo con Dios. En su carta a los Gálatas, Pablo describe lo que sucede cuando entregamos la totalidad de nuestra vida al Espíritu Santo y permitimos que su poder nos transforme. Los resultados: *amor, gozo, paz, paciencia, amabilidad, bondad, fidelidad, suavidad y autocontrol*, definen a un verdadero discípulo. Pablo les recuerda a sus lectores para que alcanzar estas cualidades debemos recordar que *"El fruto del Espíritu es amor, gozo, paz, paciencia, benignidad, bondad, fe, mansedumbre, templanza; contra tales cosas no hay ley. Pero los que son de Cristo han crucificado la carne con sus pasiones y deseos. Si vivimos por el Espíritu, andemos también por el Espíritu.*[2]

Evalúese en relación a estas cualidades. Ninguno de nosotros las refleja a la perfección, pero debiera haber evidencia notable de nuestro paso de un extremo de la escala hacia los resultados enumerados por Pablo. Si nos aferramos a las verdades inherentes a la visión bíblica del mundo, nos sentiremos impulsados a ser cada vez más conocidos por dichos atributos.

Distinciones dentro del cuerpo de creyentes

Al viajar por todo el país y enseñar en iglesias y seminarios, una de las preguntas que más oigo es: "¿Cuál es la perspectiva bíblica del mundo?" Al principio esta pregunta me tomaba por sorpresa. ¿Cómo podía haber más de una visión bíblica del mundo, si esta se basa por completo en las palabras y principios que Dios nos comunica en la Biblia?

Luego de conversar sobre el tema con varios pastores y creyentes, vi que había cierto desacuerdo entre los que sinceramente aman al Señor y buscan vivir una vida que tenga su centro en la Biblia y se oriente a la obediencia completa. La gente de diversas extracciones denominacionales leía el mismo pasaje bíblico y lo entendían de manera diferente, a causa de su marco interpretativo.

Parece que dichas distinciones surgen por diversas razones: un punto de vista diferente sobre el significado de las palabras; diferencias al interpretar el contexto del pasaje y su impacto sobre el significado; divergencia en cuanto a términos y su relevancia en diversos pasajes con respecto a la relación con la vida moderna; y también ignorancia en cuanto a principios, perspectivas y aplicaciones del texto en cuestión.

A veces hay mayor concentración en el modo en que vemos el mensaje de Dios y su intención para nuestras vidas. Sin embargo, sigo convencido de que no importa desde qué ángulo se lean las Escrituras, si nuestra intención es la de entender sinceramente y poner en práctica las verdades y principios que Dios le ha dado a su pueblo para que llevemos vidas santas y significativas de amor, obediencia y servicio, entonces la magnitud de las diferencias no es importante.

Las diferencias teológicas o doctrinales siguen estando, pero su importancia es menor en relación a la imagen completa que Dios quiere que comprendamos y vivamos. Estoy convencido de que lo que más le importa a Dios no es nuestra pureza teológica, sino nuestra santidad. ¿Hemos tomado cada decisión con el sincero deseo de agradar a Dios y hacer su voluntad?

Contraste de interpretaciones

Literalmente, hay cientos de ejemplos de temas en los que los creyentes dedicados difieren en cuanto a la interpretación de los asuntos bíblicos. Por ejemplo, pensemos en las teorías divergentes en cuanto a cómo serán los últimos tiempos: cada una de estas perspectivas está respaldada por cantidad de versículos de las Escrituras y argumentos contextuales. Solo una de estas perspectivas es la correcta. ¿Importa la verdad acerca de los últimos tiempos? Sí, por la sola razón de que el Dios decidió incluirlos en la Biblia. Sin embargo, sea cual fuere la perspectiva que aceptemos, esto no tendrá gran impacto sobre cómo vivimos cada día, si hemos respondido adecuadamente las siete preguntas que nos ayudan a pensar como Jesús. Nuestra visión de los últimos tiempos será la decoración de la torta, pero la decoración de nada sirve, sin la torta. Nuestra comprensión de la visión de Dios acerca de las siete preguntas es, en esta analogía, la torta.

Las teorías sobre los últimos tiempos son solo un ejemplo de temas en los que difieren los creyentes. Las visiones sobre la responsabilidad cívica de los cristianos, la edad de la Tierra, la existencia de la libre voluntad, la naturaleza del cielo y el infierno, la viabilidad de la pena de muerte, los métodos de disciplina para los niños... la lista sigue y sigue. Creo que el desafío que Dios nos presenta es el de modelar una visión del mundo que esté en todo de acuerdo con la Biblia. No vayamos más allá de su verdad, para llegar a la posición que deseamos; vayamos al lugar donde su Palabra nos lleva, y aceptémoslo. Vivamos en coherencia con esa visión del mundo.

Cuando los cristianos no están de acuerdo

¿Cómo responder a cristianos comprometidos que tienen una visión del mundo diferente de la nuestra? Intente estos cuatro pasos, como marco para su respuesta.

Primero, reconozca que todos somos limitados en nuestro entendimiento e interpretación de las Escrituras, y que ninguno de nosotros tendrá todo en claro a la perfección. El proceso de maduración de la fe indica que estamos constantemente creciendo en entendimiento. El día que pensemos que lo sabemos todo, que dominamos la Biblia y su integración en la vida, será el día en que hayamos llegado a estar totalmente engañados. Un discípulo de Jesucristo, siempre será discípulo, y nunca maestro.

Segundo, acepte responsabilidad personal por el contenido y la aplicación de su visión de la vida. Dios nos juzgará por lo que hicimos y por qué lo hicimos; somos responsables de nuestras elecciones. Habrá quien pueda influir en nosotros, pero cuando estemos frente a Dios el Día del Juicio, se nos asignará responsabilidad total por todas nuestras ideas, conversaciones y actividades. Entonces, aceptemos esta responsabilidad: tomemos en serio nuestra visión del mundo, tan en serio como para proclamar que es nuestra en tanto buscamos honrar a Dios en cada aspecto de nuestras vidas.

Tercero, recuerde que Dios nos llama a amar al prójimo —especialmente a los creyentes— sin importar si lo que ellos creen se contradice con nuestras interpretaciones. Somos miembros de la misma familia de fe y, como tales, debemos apreciarnos y apoyarnos unos a otros, lo mejor que podamos. Jesús nos amó aún antes de que lo recibamos como Señor y Salvador. Su ejemplo nos permite trascender nuestras limitadas inclinaciones humanas, en favor de una visión más madura.

Finalmente, es sabio interactuar con quienes no están de acuerdo con nosotros, para que podamos entender mejor su perspectiva y examinar nuestra visión con más inteligencia. Nuestra tendencia natural, por supuesto, será la de evitar a quienes piensan diferente. Los carismáticos evitan a los fundamentalistas, los evangélicos evitarán a los de otras denominaciones, los protestantes evitarán a los católicos. ¡Qué tragedia!

Cuanto más veamos la Biblia desde el punto de vista de otros creyentes, tanto mayor será nuestra capacidad de evaluar la veracidad de nuestra propia visión. Estas conversaciones no deben construir muros de separación, sino caminos de comprensión que nos permitan reconocer el poder y la riqueza de las palabras de Dios para la humanidad. Cada vez que estemos expuestos a diferencias en cuanto a la visión del mundo, tomémoslo como un desafío para estudiar más extensamente la Biblia, para orar con mayor intensidad, para escuchar con más atención la guía del espíritu Santo en nuestra búsqueda por la verdad de Dios.

PIENSE COMO JESÚS

Para ser un cristiano sincero, debemos hacer más que solo creer en Dios o en Jesucristo; aún el diablo cumple con este requisito. Ser un cristiano verdadero indica que debemos hacer más que creer que la Biblia es un documento antiguo confiable; hay muchos arqueólogos e historiadores ateos que lo creen. Ser un cristiano verdadero es más que aceptar que Dios es el Creador de todas las cosas, el indiscutido Rey del universo, Aquél que nos dio vida y propósito, el propósito de amarlo y obedecerlo, de amar y servir a los demás, y de vivir de acuerdo con lo que Él indica en la Biblia, en armonía con el poder y la guía del Espíritu Santo que Él nos da cuando nos entregamos por completo a Dios. Es en este punto donde vemos el mundo como lo que es, e invertimos nuestro tiempo y energía en intentar pensar como Jesús, para poder comportarnos como Jesús, de manera de agradar y honrar a Dios.

Si la imitación es la forma más sincera de elogiar a alguien, ¿qué mejor manera de expresa nuestra reverencia a Dios que comprometernos a pensar como Jesús?

Apéndice 1

——❧——

RECURSOS ÚTILES

DURANTE MI VIAJE HE ENCONTRADO variedad de recursos y organizaciones que me han ayudado mucho. Quizá quiera tomarlos en cuenta, para que le ayuden a afinar su capacidad de pensar como Jesús.

SOBRE VISIONES DEL MUNDO

Blamires, Harry. *The Christian Mind* [La mentalidad cristiana]. Ann Arbor, Mich.: Servant, 1963.

Burnett, David. *Clash of the Worlds* [Choque de dos mundos]. London: Monarch, 1990.

Colson, Charles. *Against the night* [Contra la noche]. Ann Arbor, Mich.: Servant, 1989.

Colson, Charles, y Nancy Pearcey. *The Christian in Today's Culture* [El cristiano en la cultura actual]. Wheaton, Ill.: Tyndale, 1999

——. *Y ahora... ¿Cómo viviremos?* Miami, Fl.: Editorial Unilit, 1999.

Holmes, Arthur. *All Truth is god's Truth* [Toda verdad es la verdad de Dios]. Grand Rapids. Mich: Eerdmans, 1977.

——. *Contours of a Worldview* [Contorno de la visión mundial]. Grand Rapids, Mich.: Eerdmans, 1983.

Huntington, Samuel. *The Clash of Civilizations and the Remaking of World Order* [El choque de las civilizaciones y el renacimiento del orden mundial]. New York: Simon & Schuster, 1996.

Johnson, Phillip. *Reason in the Balance* [Razón en el balance]. Downers rove, Ill.: InterVarsity, 1995.

McCallum, Dennis, ed. *The Death of Truth* [La muerte de la verdad]. Minneapolis: Bethany House, 1996.

Naugle, David. Worldview: *The History of a Concept* [Visión mundial: La historía del concepto]. Grand Rapids, Mich.: Eerdmans, 2002.

Noebel, David. *The Battle for Truth* [La batalla por la verdad]. Eugene, Ore.: Harvest House, 2001.

———. *Understanding the Times. Eugene* [Entendiendo los tiempos]. Ore: Harvest House, 1991.

Schaeffer, Francis. *A Christian Manifesto* [Un manifiesto cristiano] .Wheaton, Ill. Crossway, 1981.

———. *The complete Works of Francis A. Schaeffer* [Las obras completas de Francis A. Schaeffer]. Vols. 1-5. Wheaton, Ill.: Crossway, 1982.

Sire, James. *The Universe Next Door* [El universo de al lado]. Downers Grove, Oll.: InterVarsity Press, 1997.

White, James Emery. *What Is Truth?* [¿Qué es verdad?]. Nashville: Broadman & Holman Publishers, 1994.

TEOLOGÍA

Bilezekian, Gilbert. *Christianity 101* [Cristianismo 101]. Grand Rapids, Mich: Zondervan, 1993.

Bloesch, Donald. *Essentials of Evangelical Theology. Vols. 1-2* [Lo esencial de la teología evangélica]. Peabody, Mass.: Prince Press, 1998.

Erickson, Millard. *Introducing Christian doctrine* [Introducción a la doctrina cristiana]. Grand Rapids, Mich.: Baker, 2001.

Evans, William. *The Great Doctrines of the Bible* [Las grandes doctrinas de la Biblia]. Chicago: Moody, 1974.

Grider, J. Kenneth. *A Wesleyan-Holiness Theology* [La teología wesleyana de la santidad]. Kansas City: Beacon Hill, 1994.

Oden, Thomas. *The Word of Life* [La palabra de vida]. Peabody, Mass.: Prince Press. 1998.

Apéndice 1

APOLOGÍA

Geisler, Norman. *Christian Apologetics* [Apologética cristiana]. Grand Rapids, Mich.: Baker, 1976.

Grenz, Stanley. *What Christians Really Believe and Why* [Qué creen realmente los cristianos y por qué]. Louisville, Ky: Westminster John Know, 1998.

Johnson, Alan, y Robert Webber. *What Christians Believe* [Qué creen los cristianos]. Rand Rapids, Mich.: Zondervan, 1993.

Kreeft, Peter y Ronald Tacelli. *Handbook of Christian apologetics* [Manual de apologética cristiana]. Downers rove, Ill.: InterVarsity, 1994.

McDowell, Josh. *The New Evidence That Demands a Verdict* [Nueva evidencia que exige un veredicto]. Nashville: Thomas Nelson, 1999.

Sproul, R. C. *Essential Truths of the Christian Faith* [Verdades esenciales de la fe cristiana]. Wheaton, Ill.: Tyndale, 1998.

OTROS RECURSOS

Book of Catechisms [Libro de catescismo]. Red. Ed. Louisville, Ky.: Geneva, 2001.

Archer, Gleason. *Encyclopedia of Biblical Difficulties* [Enciclopedia de dificultades bíblicas]. Rand Rapids, Mich.: Zondervan, 1982.

Comfort, Philip, ed. *The Origins of the Bible* [Los orígenes de la biblia]. Wheaton, Ill.: Tyndale, 1992.

Howard Center for Christian Studies. Kingdom Living. Dallas: Park Cities Baptist Church, 2002.

Niebuhr, H. Richard. *Christ and Culture* [Cristo y la cultura]. New York: Harper and Row, 1951.

The Noah Plan. San Francisco: foundation for Christian Education, 1997.

Oden, Thomas. *John Wesley's Scriptural Christianity* [El cristianismo escritural de John Wesley]. Grand Rapids, Mich.: Zondervan, 1994.

Outler, Albert (editor). John Wesley. New York: Oxford University Press, 1964.

Schanzenbach, Donald. *Advancing the Kingdom* [Avance en el Reino]. Minneapolis: River City, 2001.

Stott, John. *Understanding the Bible* [Entendiendo la Biblia]. Rand Rapids, Mich.: Zondervan, 1976.

Thorsen, Donald. *The Wesleyan Quadrilateral* [El cuadrilátero wesleyano]. Nappanee, Ind.: Francis Asbury, 1997.

PROGRAMAS Y EXPERIENCIAS DE CAPACITACIÓN

Nehemiah Institute, Chicago, IL; 800-948-3101.

Focus on the Family Institute, Colorado Springs, CO; 719-548-4560.

Summit Ministries, Manitou Springs, CO; 719-685-9103.

Worldview Academy, New Braunfels, TX; 830-620-5203.

Principle Approach International, Chesapeake, VA; 757-686-0088.

Apéndice 2

PREGUNTAS PARA ENCUESTA SOBRE LA VISIÓN BÍBLICA DEL MUNDO

LAS SIGUIENTES SON LAS preguntas de la encuesta utilizada por Barna Research para reunir información respecto de las visiones del mundo que tienen las personas. La encuesta se divide en tres partes, cada una de ellas diseñada para determinar la respuesta a una parte específica de la visión del mundo.

PREGUNTAS PARA DETERMINAR SI LA PERSONA ES UN CRISTIANO NACIDO DE NUEVO:

¿Se ha comprometido personalmente con Jesús, y ese compromiso sigue siendo importante hoy en su vida?

1. Sí	PASE A LA SIGUIENTE PREGUNTA
2. No.	SALTE A LA SIGUIENTE PREGUNTA
3. No sabe.	SALTE A LA SIGUIENTE PREGUNTA

Las siguientes afirmaciones se refieren a lo que sucederá con usted después de que muera. Por favor indique UNA de ellas, la que mejor describa su creencia acerca de lo que sucederá cuando muera. ¿Cuál se acerca más a su convicción?

1. Cuando muera iré al cielo porque he intentado obedecer los Diez Mandamientos.
2. Cuando muera iré al cielo porque soy básicamente una buena persona.
3. Cuando muera iré al cielo porque he confesado mis pecados y recibido a Jesucristo como mi Salvador.

4. Cuando muera iré al cielo porque Dios nos ama a todos y no nos dejará perecer.
5. Cuando muera no iré al cielo.
6. No sé qué me pasará cuando muera.
7. Otros (por favor, explique).
8. No sé.

NOTA: Se considerará "nacido de nuevo" a quien responda "sí" a la primera pregunta y elija la opción 3 en este grupo de afirmaciones. Toda otra respuesta se considerará proveniente de un cristiano no nacido de nuevo.

PREGUNTAS PARA DETERMINAR LA VISIÓN SOBRE LA VERDAD MORAL ABSOLUTA Y SU IMPACTO EN LAS DECISIONES PERSONALES:

Cambiemos de tema: piense en las elecciones que hace cada día. Las personas toman decisiones de diversas maneras. Ante una elección moral o ética, ¿hay UNA de las siguientes afirmaciones que describe su manera de decidir? En otras palabras, ¿cuál de estar afirmaciones describe mejor su modo de tomar decisiones éticas o morales?

1. Hago lo que creo hará sentir más feliz a más personas, o lo que cree menos conflictos.
2. Hago lo que creo que mi familia y amigos esperan de mí.
3. Sigo un conjunto específico de principios o parámetros en los que creo, que son una guía para mi conducta.
4. Hago lo que creo que haría la mayoría de las personas en esa situación.
5. Hago lo que se vea bien o sea cómodo en esa situación.
6. Hago lo que me produzca resultados más positivos.
7. Otros (por favor, explique).
8. No sé.

SI LA RESPUESTA A LA PRIMERA PREGUNTA DEL PRIMER GRUPO FUE "no lo sé", CONTINÚE; SI NO, SALTE A LA SIGUIENTE PREGUNTA.
¿Cuál es la base o fuente de principios o parámetros que toma usted en cuenta? En otras palabras, ¿de dónde provienen esos principios o

parámetros? ¿Dónde buscaría para descubrir los principios adecuados? Si dice "Dios", Pregunte: ¿Es decir que espera que Dios le hable directamente? ¿O se refiere a otra cosa?

1. La ley
2. La Biblia
3. Valores que me enseñaron mis padres
4. La regla de oro
5. Dios, que habla directamente
6. Dios, otros:_____
7. Sentimientos personales
8. Lecciones aprendidas de experiencias pasadas
9. Otros (por favor, explique)
10. No sé.

Algunas personas creen que hay verdades morales que son absolutas, lo que significa que estas verdades o principios morales no cambian según las circunstancias. Otras personas creen que la verdad moral siempre depende de la situación, lo que significa que sus decisiones morales y éticas dependen de la circunstancia. ¿Qué hay de usted? ¿Cree que hay absolutos morales que no cambiar, o cree que la verdad moral es relativa a las circunstancias? ¿O jamás pensó en esto? Si es así, ¿es porque ha pensado en el tema y no ha llegado a ninguna conclusión, o porque no ha pensado en realidad en esto? ¿Cuál afirmación describe mejor su punto de vista?

1. La verdad moral es absoluta.
2. La verdad moral es relativa a las circunstancias.
3. Lo he pensado, no llegué a ninguna conclusión.
4. Nunca pensé en ello.
5. No sé.

PREGUNTAS PARA DETERMINAR LA ADOPCIÓN DE VERDADES BÍBLICAS FUNDAMENTALES:

Estas preguntas se refieren a las creencias. No hay respuestas correctas o incorrectas; por lo tanto, por favor indique si está de acuerdo o no con cada afirmación, con parte de la afirmación, o si no lo sabe.

1. La Biblia es totalmente exacta en todas sus enseñanzas.

De acuerdo   *Parcialmente*   *En desacuerdo*   *Parcialmente*   *No*
totalmente.   *de acuerdo.*   *totalmente.*   *en desacuerdo.*   *sé.*

2. Personalmente tengo la responsabilidad de hablarles a otros sobre mis creencias religiosas.

De acuerdo   *Parcialmente*   *En desacuerdo*   *Parcialmente*   *No*
totalmente.   *de acuerdo.*   *totalmente.*   *en desacuerdo.*   *sé.*

3. Cuando vivió en la Tierra, Jesucristo cometió pecados, igual que todos.

De acuerdo   *Parcialmente*   *En desacuerdo*   *Parcialmente*   *No*
totalmente.   *de acuerdo.*   *totalmente.*   *en desacuerdo.*   *sé.*

4. El diablo, o Satanás, no es un ser viviente, sino el símbolo del mal.

De acuerdo   *Parcialmente*   *En desacuerdo*   *Parcialmente*   *No*
totalmente.   *de acuerdo.*   *totalmente.*   *en desacuerdo.*   *sé.*

5. Si las personas son generalmente buenas, o hacen cosas buenas por los demás durante su vida, ganarán un lugar en el cielo.

De acuerdo   *Parcialmente*   *En desacuerdo*   *Parcialmente*   *No*
totalmente.   *de acuerdo.*   *totalmente.*   *en desacuerdo.*   *sé.*

NOTA: La persona con visión bíblica del mundo estará de acuerdo totalmente con los ítems a y b; estará en total desacuerdo con los ítems c, d y 3; elegirá la opción 2 para la siguiente pregunta respecto de la naturaleza de Dios.

Hay muchas creencias sobre Dios o un poder superior. Por favor indique UNA de las siguientes descripciones, la que mejor se ajuste a lo que cree sobre Dios.

1. Todos somos Dios.
2. Dios es el Creador perfecto, todopoderoso, omnisciente del universo, que gobierna al mundo aún hoy.
3. Dios se refiere a la realización total del potencial personal y humano.
4. Hay muchos dioses, cada uno con diferente poder y autoridad.
5. Dios representa un estado de conciencia superior que puede ser alcanzado por las personas.
6. No hay Dios.
7. No sé.

Notas finales

Capítulo 1

1. Mateo 11:29
2. Ver Mateo 4:11.
3. Ver Mateo 9:13, 11:13; 12:40-42; 13:14-15; 19:17-19; 21:13; 22:37-40; 22:43-44.
4. Ver Mateo 12:3-5; 15:3-9; 19:4-9; 21:16; 21:42; 22:29-32.
5. Juan 6:38
6. Ver Mateo 14:13.
7. Ver Mateo 4:2.
8. Ver Mateo 16:13-20; 16:23-28; Lucas 2:49; Juan 4:34; 7:18.
9. Ver Mateo 26: 36-42; Lucas 18:1; 22:41-44; Juan 17.
10. Ver Mateo 5:21-44.
11. Ver Mateo 21:23-27; Lucas 11:17-22
12. Ver Mateo 10:5-39; Lucas 4:24-27, Juan 2:24-25
13. Ver Mateo 16:21; 20:18; 21:12-16.
14. Ver Juan 14:9-31; 15:1-16.
15. El respaldo bíblico para estos beneficios prometidos por Dios se encuentra en Proverbios capítulos 1 a 8, Mateo 5, 12 y 18.
16. Ver Santiago 1:25, Judas 21.
17. Algunos de los pasajes bíblicos que puede leer son: Mateo 7:13-14; Marcos 3:11; Lucas 13:24-25; 24:47; Juan 3, 17:3; Hechos 21:23-24; Romanos 3:5-8, 6:23, 10:8-12; Gálatas 2:17-19; 1 Corintios 1:28-31.
18. Entre los libros que le ayudarán al respecto hallará: Billy Graham, *How to Be Born Again* [Cómo nacer de nuevo] (Dallas: Word, 1989), y Charles Stanley, *Eternal Security* [Seguridad eterna] (Nashville:Thomas Nelson, 1990).

Capítulo 2

1. En mis investigaciones, la categorización de "cristiano nacido de nuevo" no se basa en el hecho de que la persona diga que es nacida de nuevo, y no se relaciona con actividad religiosa como asistir a la iglesia o pertenencia a alguna denominación. Se basa en la respuesta a dos preguntas sobre creencias religiosas. Primero, los cristianos nacidos de nuevo son quienes dicen que se han comprometido personalmente con Jesucristo y que este compromiso sigue siendo importante hoy en sus vidas. Además, cuando se les pregunta qué sucederá con ellos cuando muera, dicen que creen que irán al cielo porque han confesado sus pecados, y han recibido a Jesucristo como su Señor y Salvador. Casi cuatro de cada diez adultos, y uno de cada tres adolescentes, caben dentro de esta definición de cristiano nacido de nuevo.

2. Los nacidos entre 1946 y 1964 son conocidos como Baby Boomers. Los Baby Busters, nacieron entre 1965 y 1983. Los Mosaicos son la generación nacida entre 1984 y 2002. Las cifras para los Mosaicos reflejan solo a individuos adolescentes.

3. Para más información sobre la relación de variables de fe y elecciones de estilo de vida, vea George Barna, *The State of the Church*, (Ventura, Calif: Issachar Resources, 2002), disponible en www.barna.org.

4. Esta exploración de visiones alternativas se basa en el trabajo de diversos autores que entienden de filosofías mundiales. Los trabajos que han dado forma a esta sección de mi argumento incluyen: James Sire, *The Universe Next Door*, ed. Ed. (Downers Grove, Ill: InterVarsity, 1997); David Naugle, Worldview, (Grand Rapids, Mich: Eerdmans, 2002); Samuel Stumpf, Socrates to Sartre, (Boston: McGraw-Hill, 1999); Gene Edward Veith, *Postmodern Times* (Wheaton, Ill.L Crossway, 1994); y Fritz Ridenour, *So what's the Difference?* (Ventura, Calif.: Regal, 2001).

Capítulo 3

1. Romanos 8:28.

2. Mi pensamiento sobre las preguntas ha sido moldeado por diversos textos clave. Podrán encontrarse respuestas extensas y muy pensadas a estas preguntas, en estos libros: Gilbert Bilezikian, *Christianity 101* (Grand Rapids, Mich.: Zondervan, 1993); Donald Bloesch, *Essentials of Evangelical Theology*, vols. 1 and 2 (Peabody, Mass.: Prince Press, 1978); Charles Colson and Nancy Pearcey, *How Now Shall We Live?* (Wheaton, Ill.: Tyndale, 1999); Millard Erickson, *Introducing Christian Doctrine* (Grand Rapids, Mich.: Baker, 2001); William Evans, *The Great Doctrines of the Bible* (Chicago: Moody, 1949); Norman Geisler, *Christian Apologetics* (Grand Rapids, Mich.: Baker, 1976); Stanley Grenz, *What Christians Really Believe and Why* (Louisville, Ky.: Westminster John Know, 1998); J. Kenneth Rider, *A Wesleyan-Holiness Theology* (Kansas City, Mo.: Beacon Hill, 1994); Thomas Oden, *The Living God* (Peabody, Mass.: Prince Press, 1987); Thomas Oden, *The World of Life* (Peabody, Mass.: Prince Press, 1987); Francis Schaeffer, *The Complete Works of Francis Schaeffer, vols 1-5* (Wheaton, Ill. Crossway, 1982); James Sire, *The Universe Next Door* (Downers Grove, Ill. InterVarsity, 1988); R. C. Sproul, *Essential Truths of the Christian Faith* (Wheaton, Ill. Tyndale, 1992); y Donald Thorsen, *The Wesleyan Quadrilateral* (Nappanee, Ind.: Francis Asbury, 1990).

Capítulo 4

1. Esta información proviene de una encuesta telefónica nacional en muestra representativa al azar, de 1.010 adultos, efectuada en enero de 2003. Los resultados se condicen con los derivados de nuestras encuestas nacionales trimestrales, que investigan los elementos de la fe en estadounidenses adultos.

2. Ver Hebreos 11:6.

Notas finales

3. Ver Éxodo 9-12,14; Lucas 1:26-38; 2:4-20; Juan 19-21.
4. De hecho, durante mi viaje en ambulancia al hospital y mientras esperaba que los doctores me atendieran, Dios sí me habló de manera audible sobre algunas cosas en mi vida. ¡Tenía toda mi atención!
5. Ver 1 Reyes 19:12.
6. Ver Génesis 3:12; 6:13; 9:12; 9:17; 17:9-19; 35:1; Éxodo 3:14-15; 1 Crónicas 14:14; Jonás 4:9; Oseas 12:4
7. Ver Génesis 15:1, 46:2; 1 Reyes 3:5-12; Isaías 21:2; Ezequiel 11:24; Daniel 2:19; Hechos 9:10; 16:9.
8. Ver Mateo 8:5-13; 27:54
9. Ver Mateo 4:23-24; 8:3, 13, 16; 9:22; 12:22.
10. Ver Éxodo 20:5, 32:34; Deuteronomio 7:9-11; Isaías 13:11, 26:21; Jeremías 9:25; 14:10; Romanos 2:2,12.

Capítulo 5
1. Ver Génesis 1:26-27; 9:6; 1 Corintios 11:7.
2. Ver Juan 4:24.
3. Ver Éxodo 3:14.
4. Ver Deuteronomio 31:21; Proverbios 15:3; Isaías 40:28; 46:9-10; 48:5; Salmo 147:4-5; Mateo 10: 29-30; Hechos 15:18; Romanos 11:33; Hebreos 4:13; 1 Juan 3:20.
5. Ver Job 28:20-28; Proverbios 3:18-19; Jeremías 10:12; 23:5, 52:15; Daniel 2:20.
6. Ver 1 Reyes 3: 10-11; Esdras 7:25; Éxodo 31:3, 35:31.
7. Ver Génesis 1, Isaías 50:2, Jeremías 32:17, Daniel 4, Mateo 19:26, Marcos 14:36, Lucas 1:37, Hechos 9.
8. Ver Salmos 90: 1-2, 139:7-12; Isaías 44:6; Jeremías 23:23-24; Efesios 3:21; Judas 25; Apocalipsis 1:8, 21:6 y 22:13.
9. Ver Isaías 63:10-11; Juan 16:13-14, 17:3; Romanos 8:9, 1 Corintios 8:6; Efesios 4:6, 30; 1 Juan 5:7.
10. Ver Éxodo 3:14. También ver Génesis 17:1, 35:11 y 46:3.
11. Ver Génesis 6:6, Deuteronomio 6:5, 1 Reyes 11:9, Proverbios 6:16, Romanos 3:19.
12. Ver Levítico 11:44-45 y 19:2; Éxodo 15:11; Isaías 6:1-4.
13. Ver Mateo 4:1-11.
14. Levítico 11:44.
15. 1 Juan 4:8, 16.
16. Ver Juan 15:13.
17. Salmo 8:4. Ver también Salmo 144:3.
18. Ver Éxodo 9:27, Salmo 7:9; Esdras 9:15, Nehemías 9:8.
19. Salmo 145:17
20. Ver Números 23:19, Salmo 102:26-27; Malaquías 3:6; Santiago 1:17; 1 Juan 1:9.
21. Hebreos 13:8.

Capítulo 6

1. Observe que la única excepción a la regla es Dios: Él no es una entidad creada, así que no tuvo comienzo. De hecho, es el único elemento en la historia que no ha tenido comienzo, y también el único que no ha sido creado.

2. Ver Génesis 1 y 2

3. En cada nuevo episodio de la creación, el relato sigue el mismo patrón de *Dios dijo* seguido por *y así fue*. Ver Génesis 1:6-7, 9, 11, 14-15, 24, 26-30.

4. Ver Salmo 8:3-4, Salmo 104, Hechos 4:24, Romanos 4:17, Colosenses 1:17, Hebreos 11:3.

5. Para mayor análisis del argumento del diseño inteligente, ver William Dembski, *Signs of Intelligence* (Grand Rapids, Mich: Brazos, 2001); William Dembski, *Intelligent Design* (Downers Grove, Ill.: InterVarsity, 2002); Phillip Johnson, *Darwin on Trial* (Downers Grove, Ill.: InterVarsity, 1993); Phillip Johnson, *Reason in the Balance* (Downers Grove, Ill. InterVarsity, 1998); Phillip Johnson, *Defeating Darwinism by Opening Minds* (Downers Grove, Ill: InterVarsity, 1997); y William Dembski y Michael Behe, *The Bridge between Science and Theology* (Downers Grove, Ill. InterVarsity, 1999).

6. Hugh Ross, *The Creator and the Cosmos* (Colorado Springs, Colo.: NavPress, 20010).

7. Ver Salmo 19:1, 104:2-29.

8. Ver Isaías 43:7.

9. Ver Mateo 5-7.

10. Juan 1:1-3 nos informa que Jesús no solo conoce acerca de la creación; Él estuvo allí y participó del proceso de la creación.

Capítulo 7

1. Ver 1 Juan 4:8, 16.

2. Lucas 10:27.

3. 1 Juan 4:18.

4. Éxodo 20:20.

5. Ver 1 Corintios 10:13, Romanos 8:28, Santiago 1:2-4, 1 Pedro 1:6-7 y Juan 14:16, 16:33.

6. Se nos indica expresamente que debemos bendecir a otros en Génesis 12:1-3, y el ministerio público de Jesús fue testimonio de cómo es esta vida. Las cartas de Pablo a sus seguidores comenzaban y terminaban con afirmación y aliento, aún cuando el propósito de las mismas fuera el reproche por conductas indebidas. La importancia de cubrir las necesidades de otros aparece a lo largo de las Escrituras, desde la exhortación de Santiago a servir a las viudas y huérfanos (ver Santiago 1:27), a la práctica de Jesús de preguntar qué necesitaban las personas y brindárselo (ver Lucas 18:41-42, Mateo 20: 32-33; Juan 1: 38-39, 4:46-50). La necesidad de estar en una comunidad de fe se ve ilustrada por la historia de la iglesia primitiva, como lo demuestra Hechos 2:42-47, por medio de lo cual los creyentes ganaban multitudes, y por el ejemplo de los apóstoles que vivían con Jesús.

7. Se encuentran ejemplos de dicho servicio en las sanaciones de Mateo 8, el consuelo que Él le dio a Marta en Lucas 10:38-42, y su cuidado de necesidades básicas como la comida (ver Mateo 14:13-21). Su muerte y resurrección son el más puro modelo de servicio espiritual, aunque sus esfuerzos por anunciar el evangelio a personas y multitudes, su frecuente oración por la gente que sufría, y su enseñanza de principios espirituales a los discípulos y las multitudes, son también ejemplos de esto.

8. Ver Colosenses 3:12-13.

9. Ver Gálatas 5:13; Efesios 4:32, 5:21; Hebreos 10:24 y Filipenses 2:2.

10. Efesios 4:29 nos exhorta a utilizar palabras buenas, útiles y de aliento. Santiago 3:2-12 nos advierte que debemos esforzarnos por controlar nuestra lengua, porque es fuente de gran daño y de bendición potencial también.

11. Ver Eclesiastés 8:15.

12. La comida se ve como elemento de placer en 2 Samuel 19:35; 1 Reyes 18:41; Eclesiastés 2:24; 3:13, 5:18. La música se promueve como placentera en 2 Samuel 19:35, en los Salmos y otros escritos relacionados con la vida de David.

13. El matrimonio se presenta con estima en el Cantar de los Cantares y en pasajes como Proverbios 5:18, 12:4, 18:22, 31:10; Eclesiastés 9:9 y Efesios 5:28, 33. El gozo de los niños aparece en versículos como Salmo 128:3.

14. Ver Romanos 12:16, 1 Timoteo 3:2, Tito 1:8, 2 Timoteo 2:22.

15. Jeremías 2:7 y Miqueas 7:14, son algunos de los pasajes que mencionan esto.

16. Esdras 9:12; Salmos 128:2; Eclesiastés 2:24, 3:13, 22; Gálatas 6:4 y Proverbios 13:4, hablan del gozo potencial del trabajo, mientras Job 20:17, Eclesiastés 5:19, 7:14; Proverbios 11:25 e Isaías 65:22 tratan sobre la prosperidad y la riqueza.

17. Ver Eclesiastés 5:19, Proverbios 3:24.

18. Ver Deuteronomio 6:2, 22:7; Éxodo 20:12.

19. Ver Hebreos 13:5; Eclesiastés 5:19, 6:9.

20. Éxodo 20:5.

21. Como ejemplos de vidas de líderes que adoraron a Dios, vea a Abraham (Génesis 22), Jacob (Génesis 35), José (Génesis 47), Moisés (Éxodo 3), Josué (Josué 22), David (los Salmos), Salomón (1 Reyes 8), Josías (2 Crónicas 34), Ezequías (2 Crónicas 29), Isaías (Isaías 26), Nehemías (Nehemías 1), Daniel (Daniel 6), Pedro (Hechos 10) y Pablo (Hechos 24).

22. Jeremías 32:39-40

23. Juan 14:15.

24. 1 Juan 2:4-5.

25. Ver 1 Juan 3:24.

26. Ver Gálatas 3:12, Filipenses 3:9.

27. Ver Éxodo 34:11, Eclesiastés 12:13, Génesis 17:9.

28. Ver Josué 1:8; 1 Reyes 8:58, 1 Crónicas 29:18.

29. Ver Filipenses 2:13.

30. Ver 2 Crónicas 27:6, Deuteronomio 4:1, Ezequiel 20:13, Levítico 18:5.
31. Ver Éxodo 20:6 y Deuteronomio 5:10; Éxodo 23:22 y Levítico 25:18, Mateo 7:21; Romanos 6:16 y Números 15:39.
32. Romanos 14:8.
33. Mateo 20:28.
34. Jeremías 5:23.
35. Ver Jeremías 17:9.
36. Salmos 78:8.
37. Jesús llamó hipócritas a los líderes religiosos muchas veces. Por ejemplo, ver Mateo 15:1-7, 22:18, 23:13, 23, 25, 27 y 29. Los criticó también muchas veces por no conocer las Escrituras. Los ejemplos incluyen Mateo 12:3, 19:4, 21:16, 21:42 y 22:29. Llamó a ciertas personas necios, obstinados y faltos de fe en diversas circunstancias, como en Mateo 17:17 y 23:17.
38. Gálatas 5:22-23.
39. Ver Isaías 55:8-9.
40. Ver Hechos 2:41-47.
41. Efesios 4:12-13.

Capítulo 8

1. El Barna Research Group ha llevado a cabo encuestas de esta naturaleza durante dos décadas. Aunque las estadísticas han variado un poco durante ese período, nuestras mediciones para 2003 muestran que el 62% de os adultos dicen que no han confesado sus pecados ni recibido a Jesucristo como su Salvador. Entre quienes se describen como cristianos, pero que no han recibido a Cristo como su Salvador, solo unos pocos creen que irán al infierno cuando mueran; y entre los que no se profesan cristianos, muy pocos creen que irán al infierno, principalmente porque no creen en la existencia del cielo y el infierno.
2. Ver Deuteronomio 6:5; 13:3, 30:6, 30:10; Josué 22:5; 2 Crónicas 15:12; Salmo 84:2; 3 Juan 1:2.
3. Ver Deuteronomio 4:29, 6:5.
4. Ver 1 Samuel 20:3, Mateo 16:26.
5. Ver Proverbios 6:32, 11:17, 22:25; Mateo 16:22.
6. Ver Salmo 19:7
7. Ver Salmo 63:1; Proverbios 24:14; Mateo 26:38; Juan 12:27.
8. Ver Salmo 13:2, 31:7; Lamentaciones 1:20.
9. Dios nos creó para vivir resultados espirituales. Diversos pasajes en las Escrituras explican la importancia de la naturaleza espiritual de las personas. Sabemos, por ejemplo, que fuimos creados a imagen de Dios y que Él es espiritual (ver Génesis 1:27, Juan 4:24). Dios promete castigo por inmadurez espiritual (ver Jeremías 9:25), y nos advierte que experimentaremos la muerte a menos que pasemos por la renovación espiritual (ver Ezequiel 18:31). Se nos exhorta a buscar salud espiritual por sobre todo (ver 1 Timoteo 4:7), y se nos recuerda que Dios nos diseñó para ser un templo espiritual (ver 1 Pedro 2:5). La Biblia presenta frecuentes afirmaciones acerca de la necesidad de renovación

Notas finales

espiritual (ver Efesios 4:22-5:2), y a buscar siempre la sabiduría espiritual y el crecimiento (ver Colosenses 1:9, 2:11). Pablo exhibió su entendimiento de la supremacía de nuestra naturaleza espiritual, nos alentó a rendir todo para beneficio espiritual de otros (ver 2 Corintios 12:15).

10. Ver Job 10:1, 27:2

11. Ver Proverbios 24:12, Mateo 10:28; Isaías 55:3.

12. Ver Romanos 6:23.

13. Ver Isaías 14:12-17, 2 Pedro 2:4.

14. Ver 1 Pedro 5:8-9; Mateo 4:1-11; Lucas 22:31.

15. Ver Santiago 1:13-14.

16. Ver Apocalipsis 20:10; Mateo 13:39-43.

17. Ver Job 1:6-12, Mateo 13:18-22.

18. Ver 1 Corintios 10:13.

19. Ver Romanos 3:23.

20. Ver Mateo 4:6-7, Génesis 3:1-6, Éxodo 7:12, 1 Timoteo 4:1-5, 1 Crónicas 21:1, Marcos 9:18.

21. Ver Isaías 59:2.

22. Ver Génesis 39:9; Números 32:23; Deuteronomio 20:18; 1 Samuel 14:34; 1 Reyes 14:22, 16:2.

23. Ver Levítico 4:2, 5:17; Números 15:24-27.

24. Ver Números 14:18, Éxodo 34:7.

25. Ver Isaías 64:5-6.

26. Ver Levítico 4:20-26, Números 6:11.

27. Ver Romanos 10:9-10, Efesios 2:8.

28. Ver Isaías 53:4-12, Mateo 20:28, 2 Corintios 5:21, 1 Pedro 3:18.

29. Ver Juan 3:15-16, Romanos 1:16, 6:23, Efesios 1:7-9, 2:8-10, Romanos 5:8, 1 Juan 4:10.

30. Ver Juan 14:6, Gálatas 3:21-22.

31. Ver Lucas 24:38-39, 24:44-53; Juan 20: 15-18, 21:12-13; 1 Corintios 15:5-8.

32. Ver Hechos 2:38, Juan 14:17, Romanos 8:23.

33. Ver Gálatas 4:1-7, Juan 17:28, 1 Pedro 1:3-5.

34. Ver Juan 10:36, 1 Corintios 6:11, 1 Tesalonicenses 4:1, 9.

35. Ver Gálatas 5:19-24.

36. Ver Mateo 4:1-12.

37. Ver 2 Tesalonicenses 1:7-9.

38. La Biblia alude al infierno en variadas maneras. Las referencias incluyen *Sheol* (un cementerio, ver Job 24:19, Salmo 16:10, Isaías 38:10); *Hades* (el reino de los muertos, ver Mateo 16:18; Apocalipsis 1:18, 20:13-14) y *Gebenna* (un lugar de sacrificios a dioses paganos, de fuego eterno, ver 2 Reyes 23:10; 2 Crónicas 28:3; Mateo 5:22, 10:28; Santiago 3:6; Apocalipsis 19:20, 20:4). Las descripciones de cómo es el infierno están en Job 31:12; Mateo 5:22, 10:28, 23:33, 25:46; y Apocalipsis 20:14.

39. Ver Mateo 25:46, 2 Pedro 2:4, Judas 1:7, Apocalipsis 20:9-10.

40. Ver Mateo 5:29-30, 18:9.

41. Dios creo al Cielo acorde a los pasajes como Génesis 14:19, Hechos 14:15, y Apocalipsis 14:7. Está descrito como la casa de Dios (ver Éxodo 20:22; Deuteronomio 26:15; 1 Reyes 8:30, 2 Samuel 22:17; Mateo 5:34, 23:22), de Jesucristo (ver Lucas 9:51, 24:51; Juan 3:13; Hechos 1:2; y Fili-penses 3:20),del Espíritu Santo (ver Juan 3:6) y de los ángeles de Dios (ver Génesis 22:11), 15; Nehemías 9:6, Daniel 4:35; Mateo 24:36; y Lucas 2:15). Que Dios gobierna en el cielo, y esto se verifica en Génesis 24:3-7; Deute-ronomio 4:39; 1 Reyes 22:19; Isaías 66:1; Hechos 17:24; y Filipenses 2:10.

42. Ver Hebreos 3:1; 12:23.

43. Ver Jeremías 25:30, Mateo 5:12.

44. Ver Colosenses 1:5, 20.

45. Ver 1 Corintios 15:46-58; 2 Corintios 5:1-10, Filipenses 3:21. Apocalipsis 21:4.

46. Ver Filipenses 1:27; 3:20. Apocalipsis 3:12.

47. Ver Colosenses 3:2.

48. Ver Santiago 2:19.

Capítulo 9

1. Ver Efesios 6:10-18.

2. Ver Romanos 7:8-25, 1 Pedro 5:8.

3. Ver Apocalipsis 17-22.

4. Ver Santiago 4:4.

5. Ver 1 Timoteo 1:18.

6. Ver 2 Corintios 10:3, Efesios 6:10-18.

7. Ver 1 Juan 4:4.

8. Ver 1 Corintios 4:9.

9. Ver 2 Timoteo 4:7; 1 Juan 2:13-14, 5:5.

10. Ver 1 Timoteo 6:12.

11. Ver Lucas 10:19.

12. Ver Mateo 28:19, Juan 14:26; 2 Corintios 13:14.

13. Ver Salmos 51:11, Lucas 1:15, 41, 67; Juan 14:17, Hechos 2:4, 4:31, 7:55, 9:17; Romanos 8:23, 1 Corintios 6:19; 1 Juan 2:27; 3:24; 2 Corintios 3:6. Gálatas 5:18

14. Ver Génesis 1:1-2, Salmos 139:7-8, 1 Corintios 2:10-11.

15. Ver 1 Corintios 6:19; Juan 14:17; Gálatas 4:6, Santiago 4:5; Hechos 8:29, 11:12, 13:2; Romanos 8:16.

16. Ver Hechos 5:32.

17. Ver Juan 16:8-13.

18. Ver Hechos 15:8, Romanos 8:16, Efesios 1:13, Hechos 2:1-4, 38; Hechos 10:45, 1 Corintios 6:19, 2 Corintios 5:5.

19. Ver Mateo 22:43, Marcos 13:22, Hechos 20-22, Lucas 10:21, Hechos 13:52; Romanos 14:17; 1 Tesalonicenses 1:6; Lucas 24:49; Hechos 1:8; 2 Corintios 6:6, Juan 3:6; Gálatas 5:17, 22; Tito 3:5; Hechos 9:31; Hechos 16:6;

2 Timoteo 1:14; Romanos 8:5-6; 37; 1 Corintios 12:1, 4, 11; Hebreos 2:4; Juan 14:17; 1 Juan 2:20, 27; Romanos 5:5; 2 Pedro 1:21.

20. Ver Lucas 2:26, Hechos 1:16, 10:19, 1 Tesalonicenses 4:1.
21. Ver Romanos 8:26; Judas 1:20.
22. Ver Hechos 7:51, 1 Tesalonicenses 5:19.
23. Ver Mateo 12:31-32; Hebreos 10:29.
24. Ver Salmo 148:2-5; Hebreos 1:5-14; Mateo 13:39, 25:31; Isaías 6:1-8.
25. Ver Job 38:6-7.
26. Ver Mateo 13:39-41; 26:53; Hebreos 1:4-6; 1 Pedro 3:22.
27. Ver Lucas 2:13; 1 Samuel 29:9; Marcos 8:38; 1 Timoteo 5:21; 2 Samuel 22:11; 2 Tesalonicenses 1:7.
28. Ver Lucas 15:10; Apocalipsis 7:11-12.
29. Ver Génesis 16:7-11; 18:16-19; 22:11-18; 24:7; 1 Crónicas 21; 18; Mateo 1:20-24; 2:13; Hechos 10:1-7; Hebreos 1:14; Apocalipsis 1:1.
30. Ver 1 Pedro 1:12.
31. Ver génesis 21:17, 24:40, 48:16; Éxodo 23:20; Mateo 2:13; Lucas 2:9-10; 4:10; Jueces 2:1-4; 6:11-12; 13:3-13; Colosenses 2:18; 1 Reyes 19:7.
32. Ver génesis 31:11-12, Zacarías 1:9-21; Lucas 1:26-38.
33. Ver Zacarías 3:1-6, Lucas 2:20.
34. Ver Mateo 4:11, 28:2; Hechos 5:19, 12:7-10; Lucas 22:43.
35. Ver Mateo 18:10.
36. Ver Génesis 19:221; Números 22:22-35, 2 Reyes 19:35, 1 Crónicas 21:12, Isaías 37:36; Hechos 12:23.
37. Ver Apocalipsis 9:13-15.
38. Ver Mateo 25:41; Romanos 16:20; Apocalipsis 19.
39. Ver Isaías 14:12-17; Lucas 10:18, 2 Pedro 2:4, Apocalipsis 12:7-9.
40. Ver Mateo 4:8,2 Corintios 4:4, Efesios 2:2.
41. Ver Job 2:7, Efesios 6:12, 1 Tesalonicenses 2:18, 1 Pedro 5:8-9.
42. Ver Colosenses 2:15, Hebreos 2:14-15.
43. Ver Job 1:6-12, 2:6; Zacarías 3:2; Mateo 4:10; Lucas 22:31-32; 1 Timoteo 1:19-20; 2 Timoteo 2:23-26.
44. Ver 2 Corintios 2:11; Job 1:7, 1:9-11, 2:1, 2:6.
45. Ver Génesis 3:1-6, Efesios 6:11, Marcos 4:15, Mateo 4:1, Juan 8:44, Hechos 13:10, Apocalipsis 12:9.
46. Ver 1 Juan 3:8, Lucas 13:16, Apocalipsis 2:10.
47. Ver Génesis 3:-6; Job 1:9; Mateo 4:2-11; Éxodo 7:12, 22:18, 1 Samuel 28:7-8; 1 Crónicas 21:1; Juan 8:43-45.
48. Ver Marcos 9:18.
49. Ver Lucas 22:3, Juan 13:27, Hechos 5:3.
50. Ver 1 Crónicas 21:1, Efesios 2:2, 1 Corintios 7:5.
51. Ver 2 Corintios 6:15, 1 Timoteo 3:6, Santiago 3:15.
52. Ver 2 Corintios 11:14.
53. Ver Job 1:6; Marcos 3:22; Efesios 2:2; Mateo 6:13, 13:19; Juan 8:44.
54. Ver Mateo 8:16, 8:28, 9:32, 12:22, 15:22, Lucas 4:35, 8:27, 9:42.

55. Ver 1 Timoteo 4:1; Apocalipsis 16:14.
56. Ver Mateo 25:41; Lucas 8:31; Apocalipsis 9:1, 20:1-3.
57. Ver Mateo 7:22, 10:8; Marcos 9:38; Lucas 10:17; Hechos 16:18.
58. Ver Mateo 8:16, 8:28-32; 9:33; 17:18; Lucas 4:35, 8:31, 10:17; Santiago 2:19, 4:7.
59. Ver Hechos 5:16, 8:7, 19:12-13.
60. Ver Romanos 8:38.
61. Efesios 6:13-18.
62. 1 Pedro 5:8.

Capítulo 10

1. Ver 2 Timoteo 3:16.
2. Ver 2 Pedro 1:20-21.
3. Ver 2 Samuel 7:28; Proverbios 30:5; Juan 7:28; 8:26; Efesios 4:24; Hebreos 2:2; Santiago 1:18; Apocalipsis 3:7; 6:10.
4. Ver Romanos 1:2, 9:33.
5. Ver Mateo 4:10; 11:10; 12:3, 19:4, 21:13, 21:16, 21:42, 22:29, 22:31, 26:31.
6. Se han escrito muchos libros sobre la historia, autoridad y confiabilidad de la Biblia. Entre los que en mi opinión son de más fácil lectura y utilidad, se encuentran: Josh McDowell, *The New Evidence That Demands a Verdict* (Nashville: Thomas Nelson, 1999); John Stott, *Understanding the Bible* (Grand Rapids, Mich: Zondervan, 1979), capítulo 6 y Philip Comfort, ed., *The Origin of the Bible* (Wheaton, Ill. Tyndale, 1992).
7. Este intercambio se encuentra en Juan 18:37-38.
8. Ver Romanos 3:4.
9. Ver Isaías 65:16, Juan 14:6, Salmos 119:43.
10. Ver Proverbios 12:19.
11. Un recurso sólido respecto de la confiabilidad y exactitud de las Escrituras es: Gleason Archer, *Encyclopedia of Bible Difficulties* (Grand Rapids, Mich.: Zondervan, 1982). El profesor Archer ha dedicado más de tres décadas al estudio de las supuestas inconsistencias e inexactitudes de la Biblia. Luego de exhaustivo estudio, ha llegado a la conclusión de que no hay inconsistencias lógicas, morales ni espirituales en las Escrituras.
12. Ver Judas 1:3.
13. Ver 1 Juan 1:6.
14. Ver Juan 8:32.
15. Ver Salmo 86:11, Juan 17:17.
16. Ver Salmos 25:5, 43:3.
17. Ver Juan 18:37.
18. Ver Juan 14:17, 15:26, 16:13; Hechos 7:51, 1 Juan 2:27.
19. Ver Hechos 17:2, Romanos 15:4, 1 Timoteo 4:13, Tito 1:1, Hebreos 5:12.
20. Ver Mateo 11:15, 25; 13:9.

21. Ver Juan 8:44.
22. Ver Isaías 30:10, Amos 5:10, Romanos 1:25, 1 Juan 1:8.
23. Ver Ezequiel 12:2, Jeremías 38:15, Juan 8:45, Hechos 7:51, Romanos 1:18.
24. Ver Romanos 2:8.
25. Ver Salmos 96:13; Isaías 42:4; Juan 12:48; Romanos 4:23.
26. Peter Kreeft, ed., Summa of the Summa (San Francisco: Ignatius, 1990), 447.
27. Ver Juan 8:32.
28. Ver Zacarías 8:19; Filipenses 3:16.
29. Ver Jeremías 9:3, 2 Corintios 13:8, Filipenses 1:7, Judas 1:3.
30. Ver Juan 10:35, 2 Timoteo 3:16.
31. Ver Éxodo 23:20-22; Mateo 5:17-19; Juan 8:14-18, 10:35, 12:48-50; 2 Pedro 1:5.
32. Ver Hechos 17:11.
33. Ver Zacarías 8:19.
34. Ver Deuteronomio 6:6-9.

Capítulo 12

1. Para mayor información sobre cómo pueden desarrollar las iglesias un proceso de construcción de visión del mundo de manera efectiva, ver un libro escrito por mí junto a nuestro equipo de investigación, llamado *Transforming children into Spiritual Champions* (Ventura, Calif.: Regal, 2003.) En ese estudio aprendimos que la transformación espiritual es más evidente cuando la iglesia tiene una visión de largo plazo respecto de la educación cristiana, y busca lograr una visión bíblica del mundo como resultado principal, integrando dicha visión en su trabajo de enseñanza en la fe.

Capítulo 13

1. Lucas 10:27.
2. Ver Gálatas 5:22-25.